suhrkamp taschenbuch
wissenschaft 1694

Die Essays dieses Bandes schlagen eine neue Deutung der Philosophie Adornos vor. Gemeinsam weisen sie auf das positive Zentrum seines negativen Denkens hin. Dieser normative Kern liegt in einer ebenso originellen wie eigenwilligen Theorie der kontemplativen Aufmerksamkeit, in der sich Motive der theoretischen Philosophie, der Moraltheorie und der Ästhetik aufs engste verbinden. Die Bedeutung des »langen, kontemplativen Blicks, dem Menschen und Dinge erst sich entfalten«, wie es in den *Minima Moralia* heißt, wird in exemplarischen Studien beleuchtet. So entsteht das Bild einer Philosophie, die ihre Stärken weniger in der utopischen Antizipation als vielmehr in einem phänomenologischen Spürsinn hat.

Martin Seel

Adornos Philosophie der Kontemplation

Suhrkamp

Bibliografische Information der Deutschen Nationalbibliothek
Die Deutsche Nationalbibliothek verzeichnet diese Publikation
in der Deutschen Nationalbibliografie;
detaillierte bibliografische Daten sind im Internet über
http://dnb.d-nb.de abrufbar.

2. Auflage 2017

Erste Auflage 2004
suhrkamp taschenbuch wissenschaft 1694
© Suhrkamp Verlag Frankfurt am Main 2004
Suhrkamp Taschenbuch Verlag
Alle Rechte vorbehalten, insbesondere das der Übersetzung,
des öffentlichen Vortrags sowie der Übertragung
durch Rundfunk und Fernsehen, auch einzelner Teile.
Kein Teil des Werkes darf in irgendeiner Form
(durch Fotografie, Mikrofilm oder andere Verfahren)
ohne schriftliche Genehmigung des Verlages reproduziert
oder unter Verwendung elektronischer Systeme
verarbeitet, vervielfältigt oder verbreitet werden.
Printed in Germany
Umschlag nach Entwürfen von
Willy Fleckhaus und Rolf Staudt
ISBN 978-3-518-29294-5

Inhalt

Vorwort

Adornos Philosophie ist im Herzen eine Philosophie der Kontemplation – das ist die Vermutung, der die Stücke dieses Buches auf unterschiedlichen Wegen nachgehen. Demnach – schließlich ist *contemplatio* die lateinische Übersetzung der griechischen *theoria* – wäre Adornos Denken (wie vielleicht jedes Philosophieren) im Herzen eine Theorie der Theorie. Sie ist aber zugleich eine Theorie der Praxis. Denn Adornos grundlegendes Kriterium für richtige Praxis ist deren Offenheit für jenen »Blick« der Kontemplation, von dem es in den *Minima Moralia* heißt, dass vor ihm »Menschen und Dinge erst sich entfalten«.

Freilich, was eine Theorie »im Herzen« ist, das liegt ihr nicht jederzeit auf der Zunge. Immer noch gilt Adorno als ein Denker der Negativität, der es sich versagt habe, sein Philosophieren bei positiven Bestimmungen anfangen zu lassen. Auch er selbst hat sich immer wieder eingeredet, dass in der modernen Welt allein der negative Weg noch offen sei. Dies aber ist ein Missverständnis, das vom Wortlaut seiner Schriften in Zweifel gezogen wird.

Ein paar Schritte dieser Revision möchten die vorliegenden Arbeiten machen. Adornos 100. Geburtstag im vergangenen Jahr war zugleich eine schöne Gelegenheit, Adorno, den Helden meiner – und beileibe nicht allein meiner – intellektuellen Erziehung, zum Helden eines kleinen Buches zu erheben. Es ist einem Philosophen gewidmet, dessen Philosophie in jeder Zeile von der Erfahrung der Kunst inspiriert ist, ohne sich auf sie herausreden oder sich ihr gleichmachen zu wollen. Es ist einer Ästhetik gewidmet, die weder am Kino noch an der populären Kultur achtlos vorbeigegangen ist, auch wenn es bei flüchtiger Lektüre danach aussehen mag. Es gilt einer theoretischen Philosophie, die ihre Virtuosität in den Dienst einer Rettung der Phänomene *und* der Begriffe stellt. Es ergreift Partei für eine phänomenologische Ethik, die in erfüllter Freiheit nicht einen imaginären Fluchtpunkt, sondern ihren empirischen Ausgangspunkt hat. Zugegeben, diese Lesart geht auf den folgenden Seiten nicht ganz ohne Einseitigkeit und die Einflüsterung von Vorlieben ab. Aber dies erscheint mir zulässig, solange es der Versuchsanordnung dient: herauszufinden, wie sich Adorno liest, wenn man seinen verzweifelt revolutionären Gestus gegen eine entschieden reformistische Perspektive tauscht.

Die meisten der hier gesammelten Texte sind in Vorbereitung auf das Jubiläumsjahr geschrieben worden. Lediglich die beiden letzten Beiträge sind älter. Die zusammen mit meiner Frau, Angela Keppler, geschriebene Fallstudie zur Massenkultur stammt aus dem Jahr 1991, der Essay über den Zustand »ästhetischer Barbarei« aus dem Jahr 1987; dieser Text war mein erster Versuch, Adorno gegen den Strich zu lesen, wobei mir die von ihm gepriesene »amerikanische Erfahrung« sehr behilflich gewesen ist.

Bedanken möchte ich mich bei Angela Keppler, Stefan Deines und Jasper Liptow für kritische Kommentare zu den neueren Texten sowie bei Anne Bösenberg, Daniel Feige und Thorsten Sindermann für die gelassene Unterstützung bei der Redaktion des Bandes.

Gießen, im Januar 2004 M. S.

Einleitung: Die Ambivalenz der Kontemplation

1.

In der älteren Kritischen Theorie hat das kontemplative Verhalten nicht unbedingt einen guten Ruf. Max Horkheimers programmatische Abhandlung über *Traditionelle und kritische Theorie* aus dem Jahr 1937 wirft der zeitgenössischen Wissenschaft vor, dass sie in einer kontemplativen Distanz zu den sozialen und politischen Problemen der Gegenwart verharre. Die Wissenschaften ebenso wie die Wissenschaftler hätten keinen Begriff davon, was sie als gesellschaftliche Akteure eigentlich bewirken. »Das Subjekt zieht sich aus der Affäre, es hat kein Interesse als – die Wissenschaft.«[1] In dieser Abwendung von der gesellschaftlichen Praxis sieht Horkheimer ein Zeichen der Inhumanität, in der sich diejenige spiegelt, von der diese Praxis selbst weithin gezeichnet ist. »Eine Wissenschaft, die in eingebildeter Selbständigkeit die Gestaltung der Praxis, der sie dient und angehört, bloß als ihr Jenseits betrachtet und sich bei der Trennung von Denken und Handeln bescheidet, hat auf Humanität schon verzichtet.«[2] Die kontemplative Enthaltsamkeit der Wissenschaft verrät das Potential, das ihr als einer reflexiven Tätigkeit eigentlich innewohnt. Denn »selbst zu bestimmen, was sie leisten, wozu sie dienen soll, und zwar nicht nur in einzelnen Stücken, sondern in ihrer Totalität, ist das auszeichnende Merkmal der denkerischen Tätigkeit. Ihre eigene Beschaffenheit verweist sie daher auf geschichtliche Veränderung, die Herstellung eines gerechten Zustands unter den Menschen.«[3] Der ein Jahr später geschriebene *Nachtrag* zu die-

1 M. Horkheimer, Traditionelle und kritische Theorie, in: ders., Die gesellschaftliche Funktion der Philosophie, Frankfurt/M. 1974, 189.

2 Ebd., 199.

3 Ebd.

ser Abhandlung schließt deshalb mit den Worten: »Philosophie, die bei sich selbst, bei irgendeiner Wahrheit, Ruhe zu finden meint, hat daher mit kritischer Theorie nichts zu tun.«[4]

Dieser Vorwurf der Inhumanität eines kontemplativen Abstands zur Welt ist auch in Adornos Schriften präsent: »Der absoluten Verdinglichung«, heißt es im Schlusssatz des Essays über *Kulturkritik und Gesellschaft* aus dem Jahr 1951, »ist der kritische Geist nicht gewachsen, solange er bei sich bleibt in selbstgenügsamer Kontemplation.«[5] Diese Wendung folgt direkt auf die berüchtigte Sentenz, nach Auschwitz Gedichte zu schreiben sei barbarisch, die Adorno mit dem Zusatz versieht, »und das frißt auch die Erkenntnis an, die ausspricht, warum es unmöglich ward, heute Gedichte zu schreiben«.[6] »Angefressen« ist die Erkenntnis über den Stand der Kultur nach Auschwitz, weil nur wenig Aussicht auf eine Praxis besteht, in der und durch die sie wirksam werden könnte. Solange Erkenntnis allein in »selbstgenügsamer Kontemplation« gewonnen wird, ist sie in Adornos Augen noch nicht wirklich gewonnen; sie ist noch nicht Teil einer durch historische Erfahrung und Reflexion veränderten Praxis geworden.

Ähnlich verhält es sich mit dem Hinweis, den Adorno im selben Jahr seinen Lesern im Vorwort zu den *Minima Moralia* gibt. »Ich habe das Buch großenteils noch während des Krieges geschrieben«, heißt es dort, »unter Bedingungen der Kontemplation. Die Gewalt, die mich vertrieben hatte, verwehrte mir zugleich ihre volle Erkenntnis.«[7] Wieder erscheint hier die Position der Kontemplation als eine Einschränkung der Erkenntnisfähigkeit, und nicht zuletzt der eigenen. Anders als in Horkheimers Polemik aber handelt es sich hier nicht um ein individuelles Versagen, sondern nun, in der Emigration, um

4 Ebd., 209.

5 Th.W. Adorno, Kulturkritik und Gesellschaft, in: ders., Prismen, in: ders., Gesammelte Schriften (GS), Bd. 10.1, 30.

6 Ebd.

7 Th. W. Adorno, Minima Moralia (MM), Frankfurt/M. 1973, 11.

eine Zwangslage, die dem Autor das zweifelhafte Privileg der einsamen Reflexion verschafft. Dennoch handelt es sich ohne Zweifel um ein Privileg – nämlich um die Ersatzform eines freien menschlichen Tätigseins, die zwar nur einen Ersatz, aber doch zugleich einen Vorgriff auf das darstellt, was sie einstweilen ersetzt. Immer wieder beschreibt Adorno das philosophische Denken so, *als wäre es* die Praxis, von der es in der modernen Gesellschaft ausgeschlossen bleibt. Es ist das Denken, das allein noch Widerstand leistet, in einer Welt, in der Widerstand zwecklos erscheint. Der Gedanke, heißt es in den *Minima Moralia*, »bricht das Versprechen, das mit der Form des Urteils selber gesetzt ist. Diese Unzulänglichkeit gleicht der Linie des Lebens, die verbogen, abgelenkt, enttäuschend gegenüber ihren Prämissen verläuft und doch einzig in diesem Verlauf, indem sie stets weniger ist, als sie sein sollte, unter den gegebenen Bedingungen der Existenz eine unreglementierte zu vertreten vermag.«[8] Solange das Leben »nicht lebt«, wie das Ferdinand Kürnberger entliehene Motto über dem ersten Teil der *Minima Moralia* besagt, muss das ungezwungene Denken als Stellvertreter eines unreglementierten Lebens fungieren. »Kontemplation ist ein Restbestand fetischistischer Anbetung und zugleich eine Stufe von deren Überwindung«, heißt es an anderer Stelle.[9] In einem Text aus dem Jahr 1964 hat Adorno den Vollzug der Reflexion mit einer eindeutig politischen Metaphorik beschrieben. »Philosophisch denken ist soviel wie Intermittenzen denken, gestört werden durch das, was der Gedanke nicht selber ist. (...) Die Kraft des Denkens, nicht mit dem eigenen Strom zu schwimmen, ist die des Widerstands gegen das Vorgedachte. Emphatisches Denken erfordert Zivilcourage. Der einzelne Denkende muß es riskieren, darf nichts unbesehen eintauschen oder abkaufen; das ist der Erfahrungskern der Lehre von Autonomie.«[10]

8 MM 101.

9 MM 301.

10 Th. W. Adorno, Anmerkungen zum philosophischen Denken, in: ders., Stichworte, Frankfurt/M. 1969, 16.

Unter Bedingungen, in denen Autonomie bedroht ist, wird das Denken für Adorno zu einem Rückzugsgebiet der Autonomie – allerdings nur dann, wenn es sich dessen bewusst bleibt, dass das kontemplative Innehalten für sich genommen eine beschränkte Ausübung menschlicher Selbstbestimmung bleibt. Ein kontemplatives Verhalten hingegen, das nicht länger für sich genommen, sondern überall zugelassen wäre – das wäre jener Zustand der Befreiung, in dessen Namen Adorno den Zustand moderner Gesellschaften unermüdlich kritisiert. Mag auch das kontemplative Verhalten alleine nur eine Schwundstufe autonomen Daseins darstellen, ohne die Freiheit der Kontemplation gibt es keine Freiheit. Auf diese Weise wird die Kontemplation bei Adorno zu einer zentralen Bedingung eines freien Verhältnisses zu sich und der Welt. Entsprechend heißt es in den *Anmerkungen zum philosophischen Denken*: »Ohne kontemplatives Moment artet die Praxis in begriffslosen Betrieb aus; Meditation als gehegte Sondersphäre jedoch, von möglicher Praxis abgeschnitten, führe schwerlich besser.«[11]

Horkheimers Kritik an der Selbstgenügsamkeit der Kontemplation wirkt in dieser Aussage nach. Adorno reklamiert eine Einheit von Theorie und Praxis, wie sie vom Gang der Geschichte immer wieder verfehlt worden ist. Zugleich aber, und hierin geht er über die Position des frühen Horkheimer hinaus, erkennt Adorno in bestimmten Formen der Kontemplation – in der zwanglosen Interaktion mit anderen, im philosophischen Denken, in der ästhetischen Erfahrung von Natur und Kunst – ein Gegenmodell zu der instrumentellen, von ökonomischen Imperativen beherrschten Praxis des alltäglichen Lebens. Kontemplation, heißt das, ist für Adorno strikt ambivalent: Als »kaltherzige Kontemplation«[12] ist sie mit der verkommenen gesellschaftlichen Praxis im Bunde; als warmherzige aber geht sie ein Bündnis mit einer vorerst »verstellten« Praxis ein, die den Primat der instrumentellen Vernunft abgeschüttelt

11 Ebd., 15.
12 MM 316.

hätte. Dieser zweite Bund aber ist keine bloß abstrakte Verbindung. Denn die kontemplative Erfahrung einer erkennenden Anerkennung, wo immer sie sich ereignen mag, wird von Adorno gedeutet als ein stets von Neuem sich wiederholender Anfang eines veränderten Verhaltens unter den Menschen und gegenüber der Natur – ein Anfang allerdings, dem es verwehrt geblieben ist, in größerem Maßstab fortgeführt zu werden. Die Offenheit für kontemplative Aufmerksamkeit wird auf diese Weise für Adorno zum Maßstab der Beurteilung gesellschaftlicher Praxis.

2.

Die These der nachstehenden Beiträge lautet, dass es sich hierbei um das für Adornos Denken zentrale Kriterium der Bewertung menschlicher Zustände handelt. Kontemplative Erfahrung stellt die normative Grundlage seines Philosophierens dar. Freilich ist es nicht das seit der Antike übliche, sondern ein durchaus neuartiges Verständnis der Kontemplation, das hierbei leitend ist. Kontemplation ist für Adorno nicht das Medium einer exklusiv theoretischen Besinnung, die sich von den vergänglichen Dingen abwendet, um sich des Ewigen, Wahren und Ganzen zu vergewissern. Zwar ist eine Haltung der Distanz zum Gang der Dinge auch bei Adorno wichtig; aber dies ist hier lediglich eine Distanz von der theoretischen und praktischen Verfügung über die Welt, nicht hingegen ein Ausblenden ihrer phänomenalen und historischen Vielfalt und Veränderlichkeit. Denn gerade an diese vergänglichen, unwiederholbaren und darin einmaligen Zustände hält sich das von Adorno propagierte kontemplative Bewusstsein. Es ist ein Sinn für die Besonderheit des Daseins von Menschen und Dingen. Als solches enthält es stets zugleich theoretische, ethische und ästhetische Komponenten, so dass man geradezu sagen kann: die Praxis der Kontemplation ist bei Adorno ein Verhalten, in dem es um ästhetische Wahrnehmung, theoretisches Erkennen und praktische Anerkennung gleichermaßen geht.[13]

Was darunter zu verstehen ist, erläutern die ersten drei Essays in diesem Band. Auch bei der Lektüre der anderen aber ist es wichtig, über der hohen Valenz, die Adorno dem kontemplativen Verhalten beimisst, nicht die tiefe Ambivalenz zu vergessen, die es für ihn unter den gegebenen historischen Bedingungen hat. Als Ersatz für freie gesellschaftliche Praxis droht es der Illusion zu verfallen, selbst schon eine Alternative zu dieser Praxis zu sein. Die wahre Alternative aber wäre in Adornos Augen eine *Alternative zu der Alternative* zwischen kontemplativer und übriger Praxis. Daher heißt es in der *Negativen Dialektik*, dass Kontemplation »ohne Inhumanität« erst möglich wäre, »sobald die Produktivkräfte so weit entfesselt sind, daß die Menschen nicht länger von einer Praxis verschlungen werden, die der Mangel ihnen abzwingt und die dann in ihnen sich automatisiert«.[14] Die Praxis, heißt das, müsste erst noch gefunden werden, in der die kontemplative Aufmerksamkeit nicht länger eine Flucht vor den Zwängen der Praxis wäre. Zwanghaft – und in der Konsequenz gewaltsam – ist für Adorno jede Praxis, die nur das Mittel zur Erreichung von Zwecken ist, die ihrerseits, ohne dass es den Handelnden bewusst wäre, nur Mittel für die Steigerung der Effizienz im Gebrauch von Mitteln ist. Das nennt Adorno die »Ideologie« der Praxis. In ihr ist Verfügung über sich und die Welt, also das Gegenteil von selbstzweckhafter Tätigkeit, zum Selbstzweck geworden. »Was an Einsicht einer durch Praxis befreiten Menschheit zufiele, wäre von Praxis, die ideologisch sich selbst erhöht und die Subjekte sich so oder so zu tummeln veranlasst, verschieden. Ein Abglanz davon fällt auf Kontemplation heute.«[15] Kontemplation

13 Zu diesen Dimensionen der Kontemplation vgl. M. Seel, Theoretische, ästhetische und praktische Kontemplation, in: ders., Ethisch-ästhetische Studien, Frankfurt/M. 1996, 260-272.

14 Th. W. Adorno, Negative Dialektik (ND), Frankfurt/M. 1970, 240.

15 Ebd.

hat ihren Zweck in sich selbst und ist darum der »Abglanz« einer Praxis, die im Kern nicht allein selbstgewählte, sondern um ihrer selbst willen gewählte Tätigkeit wäre.

Jedoch ist Adornos Kritik an der Praxis selber von ideologischen Momenten nicht frei. Ein Indiz hierfür ist die herablassende Wendung, es bleibe den Subjekten in der gegenwärtigen Welt nichts anderes übrig, als »sich so oder so zu tummeln«. Sie tummeln sich, vertreiben ihre Zeit, betreiben diese oder jene Sache, *machen* etwas, anstatt das instrumentelle Tätigsein zugunsten höherer Vollzüge ganz sein zu lassen. Das sind Momente, in denen Adorno in die Alternativen zurückfällt, die er eigentlich überwinden wollte. Dann stellt er das kontemplative, rein selbstzweckhafte Verhalten dem zweckverfolgenden Handeln pauschal gegenüber. »Das Ziel richtiger Praxis wäre ihre eigene Abschaffung«, heißt es einmal in Erinnerung an »den Horizont seliger Betrachtung«, den das Lob der Theorie in der aristotelischen Ethik eröffnet habe.[16] Oder es wird dem Denken bescheinigt, dass es erst wahr würde, »wo es befreit ist vom Fluch der Arbeit und in seinen Objekten zur Ruhe kommt«.[17] Selbst wenn man Adorno zugesteht, dass er mit Arbeit an dieser Stelle fremdbestimmte Arbeit meint, so ist doch allein die Gleichsetzung von Arbeit und Zwang ebenso unangemessen wie die Implikation, mit dem philosophischen Denken könne und dürfe die Anstrengung von Arbeit nicht verbunden sein. Erst recht ist die Gleichsetzung von *Praxis* mit der pauschal abgewerteten Arbeit abwegig, wie sie in dem vorhergehenden Zitat geschieht. Zwar ist es eine bewusst paradoxe Zuspitzung, wenn Adorno sagt, das Telos von Praxis liege in ihrer eigenen Abschaffung, denn auch dieser Satz ist ja im Namen einer veränderten Praxis gesprochen. Aber diese Praxis soll sich von allen Formen des instrumentellen Handelns gereinigt haben. Dies aber ist genau das puristische Ideal einer Kontem-

16 Th. W. Adorno, Marginalien zu Theorie und Praxis, in: ders., Stichworte, a. a. O., 178.

17 Ders., Anmerkungen zum philosophischen Denken, a. a. O., 19.

plation *jenseits* der ökonomischen, sozialen, gesellschaftlichen und politischen Involviertheit, das Adorno ansonsten hellsichtig kritisiert.

Zu diesem Rückfall ins Kritisierte kommt es bei Adorno immer wieder, weil er sich über den Sinn des instrumentellen Handelns nicht hinreichend Rechenschaft gibt.[18] Manchmal entsteht der Eindruck, als wäre instrumentelle Rationalität bloß ein Hilfsmittel, das die Menschen in einer besseren Gesellschaft immer weniger nötig hätten. Das ist jedoch ein Trugschluss, da alle Praxis, außer vielleicht der einsamen Reflexion (diesseits der Verfertigung von Texten!), mit Notwendigkeit wenigstens ein Element instrumenteller Sondierung enthält. Zum Handeln gehört eine Kenntnis davon, was in der jeweiligen Situation geht – und was nicht geht; auch wenn hiermit ein komplexes Bewusstsein der *Angemessenheit* des Verhaltens verbunden ist, das die instrumentelle Sondierung des Machbaren weit übersteigt, so ist die Fähigkeit zu dieser Sondierung eine wichtige Mitgift jeder – und gerade jeder freien – Praxis. Dass die *Verselbständigung* des instrumentellen Handelns eine Bedrohung der individuellen und gesellschaftlichen Freiheit darstellt, darf nicht zu dem Schluss verleiten, Praktiken der Herstellung, Verfügung, Planung und auch des strategischen Verhaltens zu anderen seien als solche des Teufels. Die ältere Kritische Theorie (und über weite Strecken auch die jüngere[19]) hat die Kritik der instrumentellen Vernunft vorschnell abgebrochen. Sie hat oft ausschließlich ihre *losgelassene* Verfassung zum Thema erhoben, ohne ihre in präferentielle, ethische und ästhetische Überlegungen und Haltungen *eingebundene* Wirksamkeit zu bedenken, in der sie zu einem tragenden Bestandteil selbstbestimmter und selbstzweckhafter Lebensformen wird.

18 Vgl. meine Erörterung zum Begriff der Arbeit in: M. Seel, Versuch über die Form des Glücks, Frankfurt/M 1995, 142-150.

19 Eine Ausnahme ist die Rehabilitierung des strategischen Handelns in J. Habermas, Faktizität und Geltung, Frankfurt/M. 1992, Kap. III.

Natürlich weiß Adorno von diesen Möglichkeiten, etwa wenn er der ästhetischen Rationalität des Umgangs mit künstlerischem Material in der *Ästhetischen Theorie* einen breiten Raum gibt oder sich in der *Negativen Dialektik* unverhofft zu einem Lob des Planens aufschwingt.[20] Jedoch bleibt nicht allein sein *Begriff*, sondern auch sein *Gebrauch* des Begriffs der Kontemplation insofern ambivalent, als er zwar vorwiegend eine zentrale *Bedingung*, manchmal aber – sehr viel stärker – die grundlegende *Verfassung* selbstbestimmter Praxis benennt. Meine Interpretationen in diesem Band laufen durchweg auf eine Zurückweisung dieser stärkeren Annahme hinaus; dass Praxis allein jenseits instrumentellen und strategischen Verhaltens gelingen kann, ist letztlich ein unverständlicher Gedanke. Verteidigen dagegen möchte ich die vorsichtigere, wenngleich immer noch sehr starke Behauptung, dass Praxis ohne Kontemplation nicht gut gehen kann.

3.

In Adornos vielleicht dichtester Erläuterung dieses Gedankens kommt der Begriff der Kontemplation gar nicht vor. Am Beginn der die *Negative Dialektik* abschließenden *Meditationen zur Metaphysik* geht er dem Zustand eines Lebens unter dem Zeichen von Auschwitz nach. Das, wofür der Name Auschwitz steht, erscheint hier nicht als etwas Vergangenes, sondern als etwas irreversibel Gegenwärtiges: als Wissen um die Möglichkeit des organisierten Grauens auf jeder denkbaren Stufe der Zivilisation. Mit diesem Wissen, das eine Erschütterung auch und gerade des philosophischen Wissens zur Folge hat, lässt sich nicht leben, als wäre nichts geschehen. Bei vielen, besonders aber bei denen, die am nächsten von der Vernichtung bedroht waren, hat diese Erschütterung eine Distanz zum Weltgesche-

20 ND 190 f.

hen bis in die privatesten Verhältnisse hinein bewirkt. Diese Distanz könnte als Position des Ausgeschlossenseins und der Verzweiflung gedeutet werden, wie es etwa in Imre Kertész' Romanen *Fiasko* und *Liquidation* erscheint, in ihr könnte aber, so überlegt Adorno, auch eine Hoffnung liegen. »Reflektierte Menschen, und Künstler, haben nicht selten ein Gefühl des nicht ganz Dabeiseins, nicht Mitspielens aufgezeichnet; als ob sie gar nicht sie selber wären, sondern eine Art Zuschauer. Die anderen stößt das vielfach ab; Kierkegaard hat darauf seine Polemik gegen die von ihm so genannte ästhetische Sphäre gegründet.«[21] Adorno weist diese Polemik zurück. Denn das Zuschauen ist für ihn keine ästhetische, sondern ebenso eine theoretische und ethische Haltung. Wer sich auf dieses Zuschauen zurückgeworfen sieht, hat jedoch nicht allein Möglichkeiten eines ungebrochenen Dabeiseins und Mitmachens verloren, er hat zugleich eine Möglichkeit gewonnen: diejenige nämlich, im Dabeisein nicht ganz dabei zu sein. Sosehr das Nurzuschauen und Sichheraushalten selbst eine unmenschliche Haltung sein kann, die *Fähigkeit* des Abstandnehmens und Zuschauens ist für Adorno eine wichtige Ingredienz aller Rücksicht. »Das Unmenschliche daran, die Fähigkeit, im Zuschauen sich zu distanzieren und zu erheben, ist am Ende eben das Humane, dessen Ideologen dagegen sich sträuben.«[22]

Bei dieser Apologie der Distanz aber bleibt Adorno nicht stehen. Denn Distanz erhält ihren Wert hier als ein Gegengewicht zu der Beteiligung an den Dingen des Lebens – und zwar: um dieser Beteiligung willen. Will diese wirklich Anteilnahme sein, so darf sie nicht Vereinnahmung werden; sie muss eine Distanz der Wahrnehmung wahren, in der das Wahrgenommene für sich bestehen bleiben kann. »Unterm Bann haben die Lebendigen die Alternative zwischen unfreiwilliger Ataraxie – einem Ästhetischen aus Schwäche – und der Ver-

21 ND 354.
22 Ebd.

tiertheit der Involvierten. Beides ist falsches Leben. Etwas von beidem aber gehörte auch zu einer richtigen désinvolture und Sympathie.«[23]

Gerade auf die Spannung zwischen désinvolture und Sympathie kommt es Adorno an. Nur aus der Einheit von beidem, so lautet das Argument, kann subjektiv gutes wie sozial angemessenes Verhalten entstehen. Sollen sie von Borniertheit und Fanatismus frei bleiben, bedingen Anteilnahme und Abstand einander. Gerade in der Kollision zwischen Vereinnahmung und Distanzierung sieht Adorno die Spur einer ungezwungenen Lebensweise, die im 20. Jahrhundert durch die Alternative zwischen gewaltsamer Tathandlung und ohnmächtiger Betrachtung verschüttet worden sei. Die Alternative zu dieser Alternative liegt in einem Ineinander aus Beteiligtsein und Unbeteiligtsein, das Bedingung einer freien Beteiligung an den menschlichen Angelegenheiten ist. So verstanden steht das kontemplative Bewusstsein der sonstigen Praxis nicht länger gegenüber. Es ist Teil einer Praxis, in der sich Interesse, Wachheit und Zuwendung ohne Blindheit für die Breite des Wirklichen regen. Es lässt sich die Tugend der Aufmerksamkeit nicht abkaufen, die es zu seiner Kardinaltugend macht. Es hält einen Abstand zu dem, woran ihm liegt, weil ihm daran gelegen ist, wozu es Abstand gewinnt. Es folgt weder einer fremden noch ganz der eigenen Bestimmung, da es im Bestimmten das Unbestimmte und im Unbestimmten die Möglichkeit neuer Bestimmungen sieht. »Erfüllte Leben geradewegs seine Bestimmung, so würde es sie verfehlen.«[24]

23 ND 354 f.
24 MM 101.

1. »Jede wirklich gesättigte Anschauung«. Das positive Zentrum der negativen Philosophie Adornos

»Gäbe es nur je ein positives Wort bei Ihnen, Verehrter, das eine auch nur ungefähre Vision der wahren, der zu postulierenden Gesellschaft gewährte!« Dieser Stoßseufzer entfährt Thomas Mann in einem am 30. Oktober 1952 aus Zürich an Theodor W. Adorno nach Santa Monica geschriebenen Brief, der ansonsten mit Lob für dessen »unbändig interessanten« *Versuch über Wagner* nicht spart.[1] Adornos Replik vom 1. Dezember nimmt ausführlich zu dieser Klage Stellung. »Wenn mir etwas von Hegel und denen, die ihn auf die Füße stellten, in Fleisch und Blut übergegangen ist, dann ist es die Askese gegen die unvermittelte Aussage des Positiven; wahrhaft eine Askese, glauben Sie mir, denn meiner Natur läge das Andere, der fessellose Ausdruck der Hoffnung, viel näher.«[2] Adorno gesteht aber zu, dass die philosophische und politische Verneinung ihr Recht »einzig an der Kraft des Positiven« habe. »Ob diese in unserer Zeit überhaupt als solche sich aussprechen läßt, wie es freilich geschehen müßte, oder ob die Askese das letzte Wort hat, vermag ich nicht zu erkennen, so sehr ich mich auch in meinem Leben daran gewöhnt habe, ins Dunkle zu starren; in einem Winkel meines Herzens glaube ich freilich immer noch, daß es möglich sein wird.«[3]

Im Abstand von über 50 Jahren ist erkennbar, dass Adorno diese selbstverordnete Askese nicht durchgehalten hat. »Negative Dialektik«, »Ästhetik der Negativität«, »Ethik der Negati-

1 Th. W. Adorno / Th. Mann, Briefwechsel 1943-1955, Frankfurt/M. 2002, 121 f.

2 Ebd., 128.

3 Ebd., 128 f.

on des Leidens« – diese von Adorno gewählten oder nahe gelegten Titel geben sein Denken höchst einseitig wieder. Denn im Herzen seiner Theorie steht nicht die Negation, sondern die Freilegung jenes Positiven, das den Negationen Kraft und Schärfe gibt. »Jede wirklich gesättigte Anschauung, zu der das begriffliche Wesen freilich hinzugehört«, heißt es in demselben Brief, »ist die Bürgschaft eben dessen, was ohnmächtig zwischen den Prinzipien zermahlen wird.«[4] Damit benennt Adorno das Kriterium, an dem er sich bei seinen Expeditionen durch das Dunkel des 20. Jahrhunderts orientiert. Der normative Kern von Adornos Denken liegt in einem Begriff der anschauenden Erkenntnis, in dem sich seine theoretischen, ethischen und ästhetischen Analysen allesamt kreuzen.

Freilich hat Adorno mit der *Negativen Dialektik* aus dem Jahr 1966 ein ganzes Buch geschrieben, das einen Vorrang der Verneinung vor der Bejahung begründen sollte. Vorgestellt wird dort ein Denken, das sich als Ausdruck menschlichen Leidens versteht und sich einer »Abschaffung des Leidens«[5] verpflichtet weiß. Als Ursache des Leidens wird – wie schon in der gemeinsam mit Max Horkheimer geschriebenen *Dialektik der Aufklärung* – der zum gesellschaftlichen Organisationsprinzip gewordene Drang nach einer möglichst lückenlosen Verfügung über die äußere und innere Natur ausgemacht. Im Namen der Freiheit schafft diese Verfügungsgewalt einen Zustand planetarischer Unfreiheit. Adornos Strategie in der *Negativen Dialektik* ist es nun, dieser entfesselten Freiheit der Naturbeherrschung nicht geradewegs einen alternativen Begriff des Erkennens und Handelns gegenüberzustellen. An den Gestalten des illusionären Freiseins soll vielmehr demonstriert werden, dass es sich hierbei im individuellen wie im sozialen Bereich um zwanghafte Zustände handelt. Der Gegenbegriff gegen die »verwaltete Welt« und das Philosophieren, das mit ihr seinen Frieden gemacht hat, würde sich demnach rein aus

4 Ebd., 129.
5 Th. W. Adorno, Negative Dialektik (ND), Frankfurt/M. 1970, 203.

der immanenten Betrachtung des falschen Lebens ergeben. Dies aber ist unmöglich, wie Adorno, wenn er mit seinem Asketentum kokettiert, selber nur zu gut weiß. Denn die Erfahrung der Falschheit des Falschen schließt die Erfahrung mit ein, dass es im Denken und Handeln auch anders geht. Von dieser Erfahrung geht Adorno auch in der *Negativen Dialektik* jederzeit aus. Deshalb wimmelt es hier unter der Oberfläche von Hinweisen auf *angemessenes* Bewusstsein – so sehr, dass Michael Theunissen schon vor 20 Jahren von einer »antinegativistischen« Dialektik sprach, die mit einem haltlosen »erkenntnistheoretischen Optimismus« im Bunde sei.[6]

Haltlos ist dieser Hang zum Positiven aber nur, wo Adorno seine Kritik der Gegenwart an dem Fluchtpunkt einer leeren Utopie ausrichtet, in der alles unausdenkbar anders wäre. Dieses unvorstellbar Andere bietet seinen Deutungen keinen plausiblen Rückhalt.[7] Viel stärker argumentiert Adorno da, wo er seine Thesen auf dem Weg einer »affirmation déconstructive« gewinnt, wie man mit einer programmatischen Wendung von Jacques Derrida sagen könnte.[8] Kraft gewinnt seine Theorie immer dann, wenn sie in der Auseinandersetzung mit einem starken Gegenüber zu sich selber kommt: wo sie in der Negation einer kritisierten Position ein Gegenbild zu dieser zeich-

6 M. Theunissen, Negativität bei Adorno, in: L. v. Friedeburg / J. Habermas (Hg.), Adorno-Konferenz 1983, Frankfurt/M. 1983, 41-65, 52 f.

7 Auf diesen Utopismus treffen die Vorbehalte zu, die Siegfried Kracauer in einem Brief an Leo Löwenthal geäußert hat: »Teddie schickte mir in kurzen Abständen drei Artikel von sich, darunter eine Apologie Hegels, die wirklich sehr geistreich und blendend ist. Aber auch hier wieder verfährt er immer nach demselben Prinzip: zuerst zertrampelt er alles, dann streicht er es wieder glatt. Und der Begriff der Utopie wird, was höchst unzulässig ist, als reiner Grenzbegriff benutzt, der nicht den geringsten Inhalt hat. Ach, er sieht die Utopie nicht. Ich kenne kein anderes Beispiel von scheinbar eingreifender Kritik, die so wenig Greifkraft hat.« L. Löwenthal / S. Kracauer, In steter Freundschaft. Briefwechsel, Springe 2003, 227 f. – Zur »Greifkraft« von Utopien vgl. M. Seel, Drei Regeln für Utopisten, in: ders., Sich bestimmen lassen, Frankfurt/M. 2002, 258-269.

8 J. Derrida, Force de loi, Paris 1994, 146.

net. So verfährt Adorno in der *Negativen Dialektik* beispielsweise, wenn er die Begriffshierarchien der herkömmlichen Philosophie kritisiert. Der Glaube, es ließen sich Mensch und Welt von einem oder einigen wenigen Leitbegriffen her entschlüsseln, ob das nun das Sein, der Geist, das Ich, die Zeit, die Freiheit, die Moral, das Recht, die Kommunikation oder die Evolution sein mögen, wird hier als trügerisch entlarvt. Stattdessen wird die Analyse einer offenen Vielzahl von Grundbegriffen vorgeführt, die – wie die soeben aufgezählten – so sehr aufeinander verweisen, dass sie sich allein wechselseitig erhellen können. Albrecht Wellmer und Rolf Wiggershaus haben zu Recht darauf hingewiesen, dass sich dieses »konstellative« Denken in einer deutlichen Verwandtschaft zu dem Denken des späten Wittgenstein befindet.[9] Auch bei Adorno werden begriffliche Verhältnisse ohne die Erwartung einer abschließenden Richtigstellung untersucht; im Zwielicht historischer Erfahrungen werden die vertrauten Möglichkeiten des Denkens und Handelns Zug um Zug in Zweifel gezogen. Im Unterschied zu Wittgenstein freilich argumentiert Adorno in jeder Zeile normativ. Sein Werk ist eine einzige Apologie von Reaktionsweisen, die im Gang der Zivilisation unterdrückt, vergessen und verdrängt worden sind.

Diese vom Siegeszug der instrumentellen Vernunft bedrohten Reaktionsweisen fasst Adorno unter dem Obertitel einer Beachtung des »Nichtidentischen« zusammen. Manchmal ist auch von dem »Heterogenen«, »Fremden«, »Verschiedenen«, »Einmaligen« oder »Besonderen« die Rede.[10] Dieses Nichtidentische steht bei Adorno für alles das, was einer auf techni-

9 A. Wellmer, Ludwig Wittgenstein. Über die Schwierigkeiten einer Rezeption seiner Philosophie und ihre Stellung zur Philosophie Adornos, in: K.-O. Apel / J. Habermas et al., »Der Löwe spricht…«, Frankfurt/M. 1989, 138-148; R. Wiggershaus, Wittgenstein und Adorno. Zwei Spielarten modernen Philosophierens, Göttingen 2000.

10 Vgl. ND 190 u. M. Horkheimer / Th. W. Adorno, Dialektik der Aufklärung, Frankfurt/M. 1986, 231.

sche Verfügung gerichteten Aufmerksamkeit entgehen muss. Es verweist auf die *individuelle Gegenwart* von Dingen und Personen. Diese ist nicht nur mit einer unausschöpflichen Fülle von Erscheinungen, sondern auch mit einem undurchschaubaren Horizont von Erinnerungen und Erwartungen und darüber hinaus mit unübersehbaren Möglichkeiten der Erfahrung verbunden. »Nichtidentisch« sind Objekte wie Subjekte darin, dass das, was sie sind, niemals vollständig erfasst werden kann. Nur dort freilich, wo das Vermögen zu Bestimmung und Verfügung gegeben wird, kann sich auch die Fähigkeit entwickeln, etwas – einen Gegenstand oder ein Gegenüber – in seiner Eigenart sein zu lassen. Dann wird es möglich, die Gegenwart von Personen und Sachen nicht auf deren begrifflich identifizierbaren oder praktisch verwertbaren Aspekt *festzulegen*. In dieser Fixierung auf das Verwertbare sieht Adorno – ähnlich wie Heidegger – das große Verhängnis der modernen Welt. Wer der »Erkenntnis des Nichtidentischen«[11] fähig wäre, hätte zusammen mit unverstümmelter »Welterfahrung« die »Freiheit des Geistes«[12] gewonnen, für die Vielfalt des Wirklichen aufgeschlossen zu sein. Er wäre zu jener »wirklich gesättigten Anschauung« fähig, die Adorno in dem Brief an Thomas Mann als den Quellgrund seiner kritischen Theorie beschreibt.

Diese Anschauung ist mehr als nur Anschauung. Sie ist wesentlich begrifflich, auch wenn sie nicht auf das begriffliche Erfassen fixiert ist. Zugleich ist sie wesentlich ästhetisch, da sie ihr Gegenüber als eine Konfiguration von Erscheinendem wahrnimmt. Und sie ist essentiell ethisch, da sie eine Form der *anerkennenden* Erkenntnis von etwas anderem ist. Radikaler noch als Schopenhauer und Wittgenstein verweigert sich Adorno einer Unterscheidung der verschiedenen Sparten des Philosophierens. Seine *Ästhetische Theorie* ist zugleich Ethik und Erkenntnistheorie, so wie die *Negative Dialektik* ständig Bezüge zu Ethik und Ästhetik unterhält. Adornos Extremismus aber

11 ND 140.
12 ND 38.

geht noch weiter. Anders als fast die gesamte philosophische Tradition macht er keinen erheblichen Unterschied zwischen der Behandlung der belebten und der unbelebten Welt. Das Verhältnis von Subjekt zu Objekt und das von Subjekt zu Subjekt fallen zusammen. Die Rücksicht auf die Individualität von Objekten der Natur oder des alltäglichen Gebrauchs und diejenige für andere Subjekte sind für Adorno nur zwei Seiten einer Medaille. So problematisch das ist, so produktiv ist es auch. Denn Adorno nimmt an, dass Wahrnehmungsfähigkeit eine unteilbare Größe ist. Wer sehen will, muss Rücksicht nehmen können. Wer erkennen will, muss anerkennen, was anders ist als er selbst. Wer in der Welt der Gegenstände nur Mittel für seine Zwecke sieht, wird auch in der Welt der Personen niemand finden, mit dem er ohne weiteres zusammen sein kann. Die Fähigkeit, andere und anderes in ihrer Andersheit sein zu lassen, bildet den Prüfstein, an dem Adorno den gesellschaftlichen Zustand misst. Die Anwendung dieses Kriteriums zielt auf eine Synthese aus Marx und Proust: auf eine Gesellschaftsanalyse, die in ihren allgemeinsten Betrachtungen stets die Erfahrungs- und Erinnerungsfähigkeit des Individuums im Auge hat.

Diese Sensibilität steht bei Adorno der Rationalität nicht entgegen, sie wird zum Inbegriff einer Rationalität, deren Wahrzeichen es ist, ihre Positionen zur Disposition stellen zu können. Im 127. Aphorismus der *Minima Moralia* überlegt Adorno deshalb, dass »so viel zutrifft am Sokratischen Rationalismus, daß man einen ernsthaft klugen Menschen, dessen Gedanken auf Gegenstände gerichtet sind und nicht formalistisch in sich kreisen, kaum je als Bösen sich vorstellen kann. Denn die Motivation des Bösen, blinde Befangenheit in der Zufälligkeit des Eigenen, tendiert dazu, im Medium des Gedankens zu zergehen.«[13] Im Blick auf die Katastrophen des 20. Jahrhunderts, in deren Angesicht Adorno diese Sätze nach dem

13 Th. W. Adorno, Minima Moralia, Frankfurt/M. 1973, 264.

Ende des Zweiten Weltkriegs schreibt, stellt dies dem Zustand der Rationalität in der modernen Welt ein verheerendes Zeugnis aus. Was als vernünftiges Verhalten gilt, ist oft genug eine krasse, nicht selten eine zynische und manchmal eine brutale Karikatur der Vernunft – so viel lässt sich an Adornos Zeitdiagnosen auch heute unterschreiben.

Man muss aber, wenn es um das Herz seines Philosophierens geht, strikt zwischen Adornos Diagnose und dem Verfahren seiner Diagnose unterscheiden. Weitgehend negativ ist die Diagnose – ihr Verfahren hingegen ist es nicht. Denn dieses Verfahren vertraut auf eben jene Fähigkeit der anerkennenden Erkenntnis, in deren Namen die Diagnose ausgestellt wird. »An denen, die das unverdiente Glück hatten, in ihrer geistigen Zusammensetzung nicht durchaus den geltenden Normen sich anzupassen – ein Glück, das sie im Verhältnis zu ihrer Umwelt oft genug zu büßen haben –, ist es, mit moralischem Effort, stellvertretend gleichsam, auszusprechen, was die meisten, für welche sie es sagen, nicht zu sehen vermögen oder sich aus Realitätsgerechtigkeit zu sehen verbieten.«[14] Zwar macht die stockende Syntax dieses Satzes aus der *Negativen Dialektik* deutlich, dass es Adorno nicht leicht fällt, für sich selbst eine dermaßen privilegierte Position anzunehmen; dennoch muss er sich zu denen zählen, die über eine gesteigerte theoretische, ethische und ästhetische Aufmerksamkeit verfügen. Denn andernfalls bräche sein gesamtes Argument zusammen. Wenn sich die Erfahrungsfähigkeit, auf deren Verteidigung sein Denken gerichtet ist, nicht wenigstens durch dieses Denken positiv belegen ließe, müsste es von ungedeckten Krediten leben. Die »Kraft des Positiven«, auf die Adorno in seinem Brief an Thomas Mann verweist, muss – wie fragmentarisch auch immer – gerade dann aufweisbar sein, wenn sie via negationis in Anspruch genommen werden soll.

Zu den Ressourcen, auf die Adorno hier zurückgreifen

14 ND 49.

konnte, zählt nicht allein die Begegnung mit »authentischer« Kunst, sondern auch beglückende soziale Erfahrungen über den Kreis von Familie und Freundschaft hinaus. Von diesen ist die Rede in dem Bericht über seine *Wissenschaftlichen Erfahrungen in Amerika,* der wohl die beste aus der eigenen Feder stammende Einführung in Person und Werk dieses Autors darstellt. Rückblickend kommt es dort zu einem erstaunlichen Vergleich zwischen Amerika und »dem alten Europa«: »Wesentlicher, und beglückender, war die Erfahrung des Substantiellen demokratischer Formen: daß sie in Amerika ins Leben eingesickert sind, während sie zumindest in Deutschland nie mehr als formale Spielregeln waren und, wie ich fürchte, immer noch nicht mehr sind. Drüben lernte ich ein Potential realer Humanität kennen, das im alten Europa kaum vorfindlich ist.« Sogar dem Begriff der Anpassung gewinnt Adorno hier einen positiven Aspekt ab. »Europäische Intellektuelle wie ich sind geneigt, den Begriff der Anpassung, des adjustment, bloß als Negativum, als Auslöschung der Spontaneität, der Autonomie des einzelnen Menschen anzusehen. Es ist aber eine von Goethe und von Hegel scharf kritisierte Illusion, dass der Prozeß der Vermenschlichung und Kultivierung sich notwendig und stets von innen nach außen abspiele. Er vollzieht sich, wie Hegel es nannte, auch und gerade durch ›Entäußerung‹. Wir werden nicht dadurch freie Menschen, daß wir uns selbst, nach einer scheußlichen Phrase, als je Einzelne verwirklichen, sondern dadurch, daß wir aus uns herausgehen, zu anderen in Beziehung treten und in gewissem Sinn an sie uns aufgeben. Dadurch erst bestimmen wir uns als Individuen, nicht indem wir uns wie Pflänzchen mit Wasser begießen, um allseitig gebildete Persönlichkeiten zu werden.«[15] Die gesamte Passage, in der diese Überlegungen stehen, zeigt, dass es sich nicht nur um eine theoretische Überlegung handelt, sondern um die Erläu-

15 Th. W. Adorno, Wissenschaftliche Erfahrungen in Amerika, in: ders., Stichworte, Frankfurt/M. 1969, 145 f.

terung von Prozessen gelingender Interaktionen, die dem Autor »drüben« zuteil geworden sind. Die Preisgabe dieser Erfahrungen schwächt seine Kritik an den amerikanischen Zuständen keineswegs ab, sie bezeugt vielmehr eine Aufmerksamkeit, in der das Positive liegt, in dessen Namen diese Kritik erfolgt.

Adorno war sich hierüber im Klaren, auch wenn er an der Attitüde des rückhaltlosen Negativisten Gefallen fand. In einem Vortrag zum Thema »Aufarbeitung der Vergangenheit« aus dem Jahr 1959 heißt es entsprechend: »Ich habe das Düstere übertrieben, der Maxime folgend, daß heute überhaupt nur Übertreibung das Medium von Wahrheit sei.«[16] Noch deutlicher wird er am Ende der *Negativen Dialektik*, wenn er über den Zustand von Metaphysik angesichts des Grauens in den Konzentrationslagern meditiert: »Bewußtsein könnte gar nicht über das Grau verzweifeln, hegte es nicht den Begriff von einer verschiedenen Farbe, deren versprengte Spur im negativen Ganzen nicht fehlt.«[17]

16 Th. W. Adorno, Was bedeutet: Aufarbeitung der Vergangenheit, in: ders., Eingriffe, Frankfurt/M. 1963, 125-146, 140.

17 ND 368.

2. Adornos kontemplative Ethik

Im Sommer 2003 wiederholte sich Theodor W. Adornos Geburtstag zum 100. Mal. Das Jubiläum kam zu einem günstigen Zeitpunkt. Adorno ist nicht mehr der Favorit, aber noch nicht der Geheimtipp der intellektuellen Kultur – gute Voraussetzungen für eine Neuaneignung. Vielleicht gelingt sogar etwas mehr; vielleicht gelingt es, hemmende Lesarten zu beseitigen, die teils das deutende Publikum, teils der Autor selbst zu verantworten hat. Es wäre an der Zeit, Adornos Philosophie vom Dogma und Trauma ihrer Negativität zu befreien, von ihrer zuweilen unglücklichen Fixierung auf Hegel, von dem Anschein einer Zentrierung auf künstlerische Probleme. Und es wäre an der Zeit, die ethischen Koordinaten freizulegen, die seine gesellschaftlichen und politischen Diagnosen in jeder Zeile prägen. Schließlich gehört Adorno mit Nietzsche und Heidegger zu denjenigen Autoren, die nur darum keine Ethik geschrieben haben, weil ihr Werk durchweg eine Ethik ist. Die Frage ist nur, was für eine es ist.

Ihr Ausgangspunkt ist ein phänomenologischer. Adorno spürt dem nach, wie das Subjekt sich in und gegenüber der Welt findet. Die Welt, die dabei zur Sprache kommt, ist nicht die Welt überhaupt, sondern die historische Welt des modernen Lebens. Auch das Subjekt, bei dem dieses Philosophieren beginnt, ist nicht das Subjekt überhaupt, sondern ein bestimmtes Subjekt – das des schreibenden Autors. In der Einleitung zu den *Minima Moralia* heißt es lapidar: »In den drei Teilen wird jeweils ausgegangen vom engsten privaten Bereich, dem des Intellektuellen in der Emigration. Daran schließen sich Erwägungen weiteren gesellschaftlichen und anthropologischen Umfangs.«[1] So aber verfährt Adorno durchweg, von

1 Th. W. Adorno, Minima Moralia (MM), Frankfurt/M. 1973, 11.

den frühesten bis zu den spätesten Texten. Von seiner Erfahrung ausgehend versucht er, nicht allein von seiner Erfahrung zu sprechen. Er erkundet Verständnisse und Verhältnisse, wie sie für viele oder alle prägend sein mögen. Die Stimme seiner Philosophie ist Stimme eines Subjekts, das sich als eines unter anderen versteht und das deshalb in seiner Selbstverständigung nicht bei sich stehen bleiben darf. Diese methodische Maxime ist für Adorno zugleich eine moralische. »Dieses Nicht-sich-selber-setzen«, sagt Adorno in seiner Vorlesung über *Probleme der Moralphilosophie* im Sommersemester 1963, »scheint mir eigentlich das Zentrale, was heute überhaupt von dem einzelnen Menschen zu verlangen ist.«[2] Diese im praktischen wie im theoretischen Tun geforderte Selbstdistanz aber kann nur gewinnen, wer auf fruchtbare Weise von sich selbst auszugehen vermag. »Zu einer in sich reflektierten Humanität«, heißt es in derselben Vorlesung, gehöre einerseits, »daß man sich nicht abbringen läßt, ein Moment von Unbeirrbarkeit, von Festhalten an dem, was man nun einmal glaubt, erfahren zu haben, wie andererseits (...) das Bewußtsein der eigenen Fehlbarkeit, und damit, möchte ich sagen, ist doch das Moment der Selbstbesinnung, der Selbstreflexion heute eigentlich zu dem wahren Erbe von dem geworden, was einmal moralische Kategorien hießen.«[3]

Adornos Texte können als eine fortdauernde Erprobung dieser Haltung gelesen werden. Moral ist hier nicht in erster Linie etwas, das gefordert, sondern vielmehr etwas, das gezeigt, das in der Bewegung der Reflexion vorgeführt wird. Die Phänomenologie der individuellen Erfahrung unter den Lebensbedingungen der Moderne, das *ist* hier schon die Moral, eine Moral, die wesentlich Aufmerksamkeit für die Schwierigkeiten individuellen Selbstseins ist. Die Objektivität und Allgemeinheit, die Adorno für seine Erkenntnisse so energisch in An-

2 Th. W. Adorno, Probleme der Moralphilosophie, in: ders., Nachgelassene Schriften VI, Frankfurt/M. 1996, 251.

3 Ebd.

spruch nimmt, ist Resultat eines reflektierten Subjektivismus. Dieser versucht zu artikulieren, wie es nicht allein für *mich*, sondern für *jemanden* ist, in der »verwalteten Welt« ein bedrängtes Dasein zu führen. In seinem programmatischen Essay über den *Essay als Form* beruft sich Adorno für dieses Verfahren auf Marcel Proust. Dessen Werk sei »ein einziger Versuch, notwendige und zwingende Erkenntnis über Menschen und soziale Zusammenhänge auszusprechen, die nicht ohne weiteres von den Wissenschaften eingeholt werden können.«[4] Denn woher, wenn nicht aus teilbarer und mitteilbarer subjektiver Erfahrung, sollten die normativen Gesichtspunkte kommen, die in die Erkenntnis der Wirklichkeit des Lebens unvermeidlich eingearbeitet sind? Und wie, wenn nicht durch eine »experimentierende« Besinnung darauf, was und wie den Menschen geschieht, sollten Bedingungen eines vergleichsweise unbedrängten Lebens erkannt werden können? »Das Maß solcher Objektivität«, sagt Adorno deshalb, »ist nicht die Verifizierung behaupteter Thesen durch ihre wiederholende Prüfung, sondern die in Hoffnung und Desillusion zusammengehaltene einzelmenschliche Erfahrung. Sie verleiht ihren Beobachtungen erinnernd durch Bestätigung und Widerlegung Relief.«[5]

Als Basis einer normativen Gesellschaftstheorie ist das gewiss fragil – und außerdem riskant. Im Aphorismus 19 der *Minima Moralia* wendet sich Adorno der technisierten Lebenswelt seiner amerikanischen Umgebung zu. »In den Bewegungen«, notiert er, »welche die Maschinen von den sie Bedienenden verlangen, liegt schon das Gewaltsame, Zuschlagende, stoßweis Unaufhörliche der faschistischen Mißhandlungen. Am Absterben der Erfahrung trägt Schuld nicht zum letzten, daß die Dinge unterm Gesetz der reinen Zweckmäßigkeit eine Form annehmen, die den Umgang mit ihnen auf bloße Handhabung beschränkt, ohne einen Überschuß, sei's an Freiheit

4 Th. W. Adorno, Der Essay als Form, in: ders., Noten zur Literatur, Frankfurt/M. 1971, 19.

5 Ebd., 19 f.

des Verhaltens, sei's an Selbständigkeit des Dinges zu dulden, der als Erfahrungskern überlebt, weil er nicht verzehrt wird vom Augenblick der Aktion.«[6] Als Beispiel zieht er die Türen von Autos und »Frigidaires« heran, die man zuwerfen müsse, damit sie sich ordnungsgemäß schließen. Jene amerikanischen Kühlschränke, an die Adorno denkt, können in der Tat nicht sachte geschlossen werden. Auf den Gedanken jedoch, dass man zu seinem Kühlschrank in einem Verhältnis robusten Respekts stehen kann, kommt der Autor nicht. Die »Gesittung«, die er in dem Verhalten des Menschen zu seinen Machwerken vermisst, könnte sich schließlich auch in Rhythmus und Timing zeigen. (Adorno, so möchte man sagen, hat auch hier den Jazz verkannt.) Einen Überschuss an Freiheit aufseiten der handelnden Subjekte und der Selbständigkeit aufseiten der behandelten Objekte konnten auch jene alten Kühlschränke gewähren, denen wir heute nachtrauern, da wir nun solche haben, die sich, bei ohnehin lebloser Physiognomie, nur mit einem Schmatzen schließen.

Scheinbar abseitige Beispiele wie dieses führen direkt ins Zentrum der Moraltheorie Adornos. Denn sie illustrieren den Gesichtspunkt, der seine Wertungen leitet. Es ist der einer Gebundenheit von Freiheit an die Selbständigkeit eines personalen oder sachlichen Gegenübers, wofür sich Adorno bei Hegel die Formel »Freiheit zum Objekt« geliehen hat. Zu dieser Freiheit für anderes bedarf es einer Freiheit von der Fixierung auf die eigenen Zwecke. »Als Hume« – so beginnt der Aphorismus 20 der *Minima Moralia* – »gegen seine weltfreundlichen Landsleute die erkenntnistheoretische Kontemplation, die unter Gentlemen seit je anrüchige ›reine Philosophie‹ zu verteidigen suchte, gebrauchte er das Argument: ›Genauigkeit kommt immer der Schönheit zugute, und richtiges Denken dem zarten Gefühl.‹ Das war selber pragmatistisch, und doch enthält es implizit und negativ die ganze Wahrheit über den Geist der

6 MM 43.

Praxis. Die praktischen Ordnungen des Lebens, die sich geben, als kämen sie den Menschen zugute, lassen in der Profitwirtschaft das Menschliche verkümmern, und je mehr sie sich ausbreiten, um so mehr schneiden sie alles Zarte ab. Denn Zartheit zwischen Menschen ist nichts anderes als das Bewußtsein von der Möglichkeit zweckfreier Beziehungen, das noch die Zweckverhafteten tröstlich streift.«[7]

Es dürfte kaum übertrieben sein, in dem abschließenden Relativsatz einen Anklang an jene Erläuterung des kategorischen Imperativs mitzuhören, in der es bei Kant heißt, man solle sich selbst und alle anderen »niemals *bloß* als Mittel, sondern *jederzeit zugleich* als Zweck an sich selbst behandeln«. Adorno aber weitet dieses Gebot aus: In seiner Lesart betrifft es nicht allein das Verhältnis unter Menschen, sondern auch das von Menschen und Dingen. Denn erst in der Einheit dieser Momente zeigt sich für ihn, ob die Rücksicht unter Menschen mehr als ein taktisches Manöver ist, nämlich die Form einer ungeteilten Weltzuwendung, die ihren eigenen Spielraum findet, indem sie anderen und anderem einen Spielraum lässt. Diese Zuwendung trägt bei Adorno den Titel der »Kontemplation«, für die allerdings nicht Platon oder Aristoteles, sondern ausgerechnet Hume als Pate firmiert. Im Namen dieser sehr eigenwillig verstandenen Kontemplation kritisiert er den übertriebenen Aktivismus der bisherigen Philosophie, am deutlichsten wohl im Aphorismus 54 der *Minima Moralia*: »Die reine Tathandlung ist die auf den gestirnten Himmel über uns projizierte Schändung. Der lange, kontemplative Blick jedoch, dem Menschen und Dinge erst sich entfalten, ist immer der, in dem der Drang zum Objekt gebrochen, reflektiert ist. Gewaltlose Betrachtung, von der alles Glück der Wahrheit kommt, ist gebunden daran, daß der Betrachtende nicht das Objekt sich einverleibt: Nähe an Distanz.«[8]

In dieser Idee von Kontemplation liegt nicht nur eine Er-

7 MM 43 f.
8 MM 111 f.

weiterung der Kantischen, sondern auch der Hegelschen Ethik: Anerkennung wird hier gedacht als ein Verhältnis, in dem »Menschen und Dinge erst sich entfalten«. Diese dreipolige Anerkennung – unter den Menschen und im Angesicht der Dinge – ist das Medium einer vorbehaltlosen Aufgeschlossenheit, die für Adorno das Zentrum einer moralischen Einstellung bildet. Über sie verfügt nur, wer in der Verfügung über sich und die Welt Abstand vom Ziel der Verfügung findet – wer Zeit und Raum gewinnt für »den langen Blick der Kontemplation«. Die »Entfaltung« von Menschen und Dingen, die hier möglich wird, entzieht sich den üblichen Klassifikationen. Sie ist gleichermaßen eine theoretische, ethische und ästhetische. In ihr wird eine Erkenntnis des Besonderen möglich, die zugleich eine Achtung vor ihm mit einschließt und es in seiner vollen Gegenwart zur Erscheinung kommen lässt. Das »Glück der Wahrheit«, von dem Adorno spricht, ist der Zustand eines Erkennens, das seine Objekte nicht mit Begriffen zudeckt, sondern sie so anspricht, dass sie in ihrer individuellen Verfassung aufgenommen werden können. Dieses Glück *der* Wahrheit ist aufs engste damit verbunden, was Glück *in* Wahrheit ist: ein Verhalten zu einem Gegenüber, in dem beide Seiten sich frei zueinander verhalten können. »Kontemplation« ist Adornos Name für eine Praxis, in der man sich auf einander einlassen und doch einander sein lassen kann. In solchen zweckfreien Beziehungen zu anderem und anderen sieht Adorno den »Erfahrungskern«, der seine Kritik am Zustand moderner Gesellschaften motiviert und trägt. Sie gilt Möglichkeiten, deren Entfaltung durch die Einrichtung der menschlichen Welt systematisch verschenkt werden.

Von seinen jungen Jahren an hat Adorno immer wieder betont, dass Freiheit und Glück, Moral und Gerechtigkeit, überhaupt das individuell und sozial Gute unter den Bedingungen der Gegenwart allein negativ bestimmt werden könnten. Nur an ihren verkehrten Gestalten seien sie zu erkennen. Dies jedoch ist eine eklatante Selbsttäuschung. Denn Adornos Ethik nimmt ihren Ausgang radikal von *positiven* und darüber hinaus von *radikal* positiven Erfahrungen. Das Proust'sche und Benjamin'sche Motiv der erfüllten Zeit wirkt hier mit großer Kraft nach. Das Gravitationszentrum der gesamten Philosophie Adornos bilden Zustände nichtinstrumentellen Verhaltens, die als solche eines zwanglosen subjektiven und intersubjektiven Selbstseins beschrieben werden. Es handelt sich dabei um Situationen, die um ihrer selbst willen bejaht werden können, weil sie nicht länger (nur) Mittel sind, um wieder in andere, vermeintlich bessere zu gelangen. Bei diesen Gelegenheiten ist es den Subjekten möglich, sich Zeit für den Augenblick zu nehmen und damit für die Gegenwart ihres Lebens frei zu sein. Sie sind in der Lage, von der bloßen Wahrnehmung ihrer Interessen zu einer erweiterten Wahrnehmung der Welt zu gelangen. Diese Zustände sind für Adorno alles andere als Utopie. Inmitten der »verwalteten Welt« gibt es sie. Sie können real erfahren werden, wie verstellt ihre orientierende Kraft auch sein mag. Es sind jene »Spuren und Splitter«, von denen es in der Antrittsvorlesung von 1931 heißt, dass sie die Hoffnung gewähren, »einmal zur richtigen und gerechten Wirklichkeit zu geraten«.[9]

Allerdings ist die Apologie des kontemplativen Verhaltens bei Adorno mit einer ebenso vehementen Kritik verbunden. Sie gilt allen etablierten Formen einer rein theoretischen Betrachtung. »Der introvertierte Gedankenarchitekt wohnt hinter dem Mond, den die extrovertierten Techniker beschlagnahmen«, notiert er in der *Negativen Dialektik* sarkastisch.[10] Der Schlusssatz seines Essays über *Kulturkritik und Gesellschaft* lautet: »Der absoluten Verdinglichung (...) ist der kritische Geist nicht gewachsen, solange er bei sich bleibt in selbstgenügsamer Kontemplation.«[11] Diese Kritik trifft jede Form der Kontem-

9 Th. W. Adorno, Die Aktualität der Philosophie, in: ders., Philosophische Frühschriften, in: ders., Gesammelte Schriften (GS), Frankfurt/M. 1972 ff., Bd. 1, 325.

10 Th. W. Adorno, Negative Dialektik (ND), Frankfurt/M. 1970, 13.

11 Th. W. Adorno, Kulturkritik und Gesellschaft, München 1963, 26.

plation, die sich als eine Sondersphäre neben der gesellschaftlichen Praxis einzurichten versucht. Die *Negative Dialektik* datiert diese Fehlentwicklung auf die Antike zurück: »Das Schlechte an der Kontemplation bis heute, der diesseits von Praxis sich genügenden, wie Aristoteles erstmals als summum bonum sie entwickelt hatte, war, daß sie gerade durch ihre Gleichgültigkeit gegen die Veränderung der Welt zum Stück bornierter Praxis: daß sie Methode und instrumentell ward.«[12] Instrumentell verfährt sie, soweit sie einen Abstand von den Zwängen der übrigen Praxis herzustellen sucht, denen sie – wie im modernen Wissenschaftsbetrieb – insgeheim doch unterliegt. Sie verengt ihren Blick, um der vorherrschenden Verengung des Blicks zu entgehen. Darin wird sie zum Gegenteil des kontemplativen Verhaltens, das Adorno seit den *Minima Moralia* zum Maßstab aller Praxis erhebt. Wenn es in der *Ästhetischen Theorie* einmal heißt, »Glück wäre über der Praxis«,[13] so ist gemeint, dass von gelingender Praxis streng genommen erst die Rede sein dürfte, wo sich das menschliche Tun und Lassen nicht primär als Zweckverfolgung, sondern als primär selbstzweckhafte Tätigkeit vollziehen würde. In der richtigen Praxis wäre die Dichotomie von Praxis und Kontemplation überwunden; Kontemplation würde zum Inbegriff von Praxis. Ihr Telos, heißt es in der *Negativen Dialektik* in Bezug auf Marx, »wäre die Abschaffung ihres Primates in der Gestalt, welche die bürgerliche Gesellschaft durchherrscht hatte. Kontemplation wäre möglich ohne Inhumanität«.[14]

Dies sieht wie eine echte Alternative zu der Anerkennungslehre von Jürgen Habermas aus. Bei ihm ist Anerkennung das Resultat einer in rationalen Bahnen geleisteten sozialen Koordination und Kooperation. Der zwanglose Austausch von Argumenten, die wechselseitige Entwicklung von Respekt und Wertschätzung sowie die Etablierung und Institutionalisie-

12 ND 240.
13 Th. W. Adorno, Ästhetische Theorie, Frankfurt/M. 1973, 26.
14 ND 240.

rung universeller Rechte gelten hier als Medium und Maßstab der Emanzipation. Aus Adornos extremem Blickwinkel jedoch verbleibt dies in der Sphäre des instrumentellen Handelns. Es geht lediglich um intersubjektive Selbsterhaltung – darum, wie sich Subjekte ihrer gegenseitigen Akzeptanz vergewissern können. Ein freies Leben aber kann für Adorno nicht in Verhaltensweisen bestehen, die *für etwas* gut sind, sondern nur in solchen, die *selbst das Gute* sind, weil sie sich in der einsamen oder gemeinsamen Wahrnehmung lohnender Lebensmöglichkeiten vollziehen. Im Umkreis der Kritischen Theorie hat sich jüngst Axel Honneth in seinen Überlegungen zu Liebe und Freundschaft Verhältnissen zugewandt, in denen einseitige oder wechselseitige Anerkennung nicht primär als Verpflichtung gedacht werden darf.[15] Adorno aber setzt kompromissloser an. Er will nicht eine Ethik des kontraktualistischen oder kommunikativen Austauschs um vernachlässigte Momente ergänzen, sondern die Normativität des Handelns aus Situationen jenseits von Tausch und Austausch entwickeln. Daher liefern ihm nicht Kooperation und Kommunikation, sondern die Augenblicke der Kontemplation das Grundmodell richtiger Praxis.

In der Ausführung dieses Entwurfs allerdings kommt es zu Verzerrungen, die nur zum Teil der literarischen Übertreibungskunst des Autors geschuldet sind. Dem Modell der Kontemplation steht bei Adorno stets das Modell der Produktion gegenüber, von dem er die modernen Lebensverhältnisse fast durchweg geprägt sieht. Mit dieser schematischen Gegenüberstellung jedoch reproduziert seine Theorie eben jenen Dualismus von ergebnis- und vollzugsorientierter Tätigkeit, die sie dem Anspruch nach überwinden möchte. Auch ist es wenig plausibel, den Extremfall reiner Selbstzweckhaftigkeit zu dem beherrschenden Kriterium sinnvoller Praxis zu machen; der Begriff der Erfüllung gerät auf diese Weise in einen Widerspruch zu dem des menschlichen Tätigseins, das auch da, wo es

15 A. Honneth, Liebe; ders., Liebe und Moral, in: Merkur 52/1998, 519-525 u. 1155-1161.

vollzugsorientiert ist, doch absichtsvoll und damit erfolgsorientiert bleibt. An vielen Stellen unterliegt Adorno einem Purismus der Kontemplation, durch den diese an Situationen der Betrachtung und somit an das traditionell verstandene theoretische Verhalten gefesselt wird, wie es im Rahmen einer *Ethik* der Kontemplation gerade nicht sein darf. Dieser Purismus macht sich vor allem in den blinden Utopien bemerkbar, die sich bei Adorno überall eingestreut finden. In einer freien Gesellschaft bedürfte es demnach weder der Kunst noch der Philosophie, da deren Energien in einen fabelhaften Alltag eingewandert wären, der Brechung und Unterbrechung nicht länger nötig hätte. »Erst dem gestillten leibhaften Drang versöhnte sich der Geist«, heißt es einmal in der *Negativen Dialektik* – was freilich einer Stilllegung auch des Denkens gleichkommen dürfte.[16] Immer wieder entwirft Adorno statische Miniaturen (unter denen der »Sur l'eau« betitelte Aphorismus 100 der *Minima Moralia* nur die bekannteste ist), in denen für die Anliegen und Aussichten endlicher Wesen, für das Spiel von Erwartung und Enttäuschung keinerlei Platz mehr bleibt. Lieber keine Kontemplation als eine, die wunschloses Glück verspricht.

Diese Irrwege tun sich überall auf, wo Adorno die kontemplative Aufmerksamkeit zu einem übergreifenden Ideal erhebt, anstatt ihrer korrektiven Kraft zu vertrauen. Im korrektiven Gebrauch formuliert der Begriff der kontemplativen Freiheit einen weitreichenden Maßstab der Beurteilung individueller und sozialer Praktiken. Er erlaubt die Prüfung, inwieweit diese Praktiken *auch* um ihrer selbst willen vollzogen werden können – inwieweit sie Haltungen einer nicht-instrumentellen Aufgeschlossenheit zulassen. Dagegen verliert die rein kontemplative Praxis ihre dominierende Rolle; sie wird zum bloßen, vielleicht sogar unwahrscheinlichen Grenzfall. Mit diesen Modifikationen ändert sich das gesamte Bild. Nicht

16 ND 205.

länger erscheint Kontemplation als ein exklusives Verhalten, dem es aufgegeben ist, eines fernen Tages an die Stelle der bisherigen Praxis zu treten. Sie erscheint umgekehrt als eine Verhaltensweise, die von aller übrigen Praxis *inkludiert* werden kann. Sie erweist sich als eine *Dimension* des Verhaltens, die sich grundsätzlich in allen seinen Bereichen auftun kann. Die übergreifende Norm lautet dann, das individuelle Handeln ebenso wie die Institutionen der Gesellschaft möglichst auf ganzer Breite für eine kontemplative Rücksicht auf andere und anderes frei zu machen. Diese Norm kann überall erfüllt und verletzt werden, in Wissenschaft und Politik, in Arbeit und Sport, im privaten wie im öffentlichen Bereich. Auch die unsinnige Opposition von Kommunikation und Kontemplation hebt sich auf; Kommunikationen können danach eingestuft werden, welchen Spielraum sie den Beteiligten lassen. Überhaupt muss nicht länger eine weltfremde Abkehr vom instrumentellen und strategischen Verhalten gepredigt werden, sondern es kann die innere Qualität von Verhaltensweisen in gleich welchem Bereich in den Mittelpunkt der sozialen Kritik rücken. »Produktion« und »Kontemplation« müssen nicht länger als Gegensatz verstanden werden.

Erst in dieser Liberalisierung gewinnt die kontemplative Ethik eine klare Kontur. Sie geht von der Erfahrung eines um seiner selbst willen durchlebten Freiseins für andere und anderes aus. Die Subjekte dieser Erfahrung werden mit Situationen bekannt, die ihrem weiteren Handeln eine normative Richtung geben können. Einen *internen* Wert haben diese Situationen darin, dass in ihnen etwas *von* Wert erfahren wird – die Möglichkeit, einander in unwillkürlicher Aufmerksamkeit zu begegnen. Was auf diese Weise als sinnvoll erfahren wird, ist nicht allein etwas, das für mich oder dich gerade günstig ist; zugleich ist es eine Art der Situation, deren Bekanntschaft *überhaupt*, für beliebige Subjekte, lohnend ist. Was als ein Moment *erfüllter* Zeit erfahren wird, wird zugleich erfahren als ein Moment erfüllter *Zeit*: als *individuelle* Realisierung eines *allgemein* lohnenden Daseins. Diese Einheit von subjektivem und objektivem Wert ist der Angelpunkt der Ethik Adornos. Aus der Analyse dieser Erfahrung gewinnt sie einen Begriff der normativen Beweggründe, die das Handeln autonomer Subjekte leiten. Der Sache der Aufmerksamkeit wird ein grundlegender Wert zugeschrieben, der die Basis für alle weiteren Bewertungen bereitstellt.

Damit wird verständlich, inwiefern es sich hier um eine alternative Ethik handelt. Von anderen Entwürfen unterscheidet sie sich weniger in den Konsequenzen als vielmehr durch ihre Eröffnung. In der Rekonstruktion einer mehrpoligen Aufgeschlossenheit ist ihr Ausgangspunkt ein freizügiges Wollen. Sie setzt an bei Situationen, die ohne weiteres bejaht werden können. Die Forderungen und Verpflichtungen des Sollens ergeben sich in dieser Überlegung erst aus der Treue zu Episoden der Erfahrung eines ungezwungenen Seins. Jedoch müssen diese Episoden in ihrer korrektiven Bedeutung erkannt und dürfen nicht zu einem Vorgriff auf paradiesische Zustände umgedeutet werden. Sie sind Möglichkeiten, die, wenn es gut geht, in *Reichweite* der individuellen und sozialen Wirklichkeit liegen. So verstanden, bilden Situationen erfüllter Zeit einmal nicht das imaginäre Telos, sondern den phänomenalen Boden der Ethik.

Auf diesem Boden bewegt sich Adorno nicht allein. Proust und Benjamin sind ihm vorausgegangen, verwandte Motive finden sich bei Heidegger und Foucault, wenngleich ebenfalls mit erheblichen Verdrehungen. Der wichtigste Vorläufer aber ist Nietzsche. »Es ist aber, und bitte verstehen Sie das nicht falsch«, teilt Adorno dem Publikum am Ende seiner Moralvorlesung mit, »wirklich nicht im leisesten meine Absicht, auf Nietzsche herumzuhacken, dem ich, wenn ich aufrichtig sein soll, am meisten von allen sogenannten großen Philosophen verdanke – in Wahrheit vielleicht mehr noch als Hegel.«[17] Mit

17 Probleme der Moralphilosophie, a. a. O., 255.

Nietzsche teilt Adorno die Weigerung, die Ethik auf Zwängen irgendeiner Art zu errichten. Ein freies Sein soll ihr Anfang sein. Das ist ein verwegener und vielleicht sogar abwegiger Gedanke. Aber er weist einen Weg, von dem man gerne wüsste, wie weit er sich ohne Absturz gehen lässt. Warum die Ethik nicht einmal bei der Intensität der Aufmerksamkeit beginnen?

3. Anerkennende Erkenntnis. Eine normative Theorie des Gebrauchs von Begriffen

1. Über den Umgang mit Begriffen

Adornos theoretische Philosophie ist in erster Linie eine Theorie des reflexiven Gebrauchs von Begriffen. Man kann das Epitheton »theoretisch« aber auch weglassen, denn Adornos Philosophie ist im Kern eine Theorie des reflexiven Gebrauchs von Begriffen – seine Erkenntnistheorie nicht weniger als seine Ethik und Ästhetik. Dieser Begriffstheorie werde ich hier nachgehen, und zwar in dem Bemühen, sie so weit wie möglich plausibel erscheinen zu lassen – aber zugleich in der Absicht, am Ende zu sehen, wie einleuchtend sie in einer weitgehend plausiblen Fassung tatsächlich ist.

Die Theorie des Gebrauchs von Begriffen, die Adorno vor allem in der *Negativen Dialektik* entwirft, ist ihrerseits im Kern eine Theorie des Gebrauchs *philosophischer* Begriffe. Darin liegt aber für Adorno nicht wirklich eine Einschränkung, da philosophische Begriffe in seinem Verständnis nichts weiter als reflektiert gebrauchte Begriffe sind: Begriffe, in denen über die mit ihnen verbundene Erfahrung, Geschichte und Gewalt nachgedacht wird. Die Leitfrage dieser Reflexion lautet: Was tun die für das Selbstverständnis der Menschen tragenden Begriffe *den Gegenständen* an, auf die sie sich beziehen, und was tun wir, die Denkenden und Sprechenden, *uns* an, indem wir Begriffe so oder anders gebrauchen?

In dieser knappen Charakterisierung wird schon die doppelte Normativität der Begriffstheorie Adornos deutlich. Zum einen wird von einer Analyse des Begriffs des Begriffs hier verlangt, die historisch-soziale Situation zu beachten, in der Begriffe zur Anwendung kommen. Die Analyse begrifflicher und die Analyse gesellschaftlicher Praktiken fallen bei Adorno mehr oder weniger zusammen. Zu der methodischen Forderung, diesem Zusammenhang Beachtung zu schenken, gesellt sich zum anderen das Vorhaben, ein Verständnis des Begrifflichen zu entwickeln, das es erlaubt, eine kritische Perspektive auf den Zustand gesellschaftlicher Praktiken zu werfen. Besonders wegen dieses zweiten Aspekts ist Adornos Theorie des Gebrauchs von Begriffen entschieden normativ. In einer Kritik der herrschenden Verständnisse und Verfahren geht es darum, das Bild eines sozial wie sachlich *angemessenen* Gebrauchs von Begriffen zu entwerfen.

Das ist aber noch nicht alles. Denn wegen der anfangs erwähnten Marginalisierung der philosophischen Disziplinengrenzen ist Adornos normative Theorie des Begriffs im Kern die Theorie einer gesellschaftlichen Praxis, die sich aus den Zwängen der hybriden Naturbeherrschung befreit hätte, in der Adorno die modernen Gesellschaften befangen sieht. Seine Theorie des Gebrauchs von Begriffen enthält damit auch einen positiven Begriff gelingenden Lebens, von dem ihr Autor gelegentlich meinte, dass er in seinen Schriften nicht enthalten sei.

Nicht der Begriff und sein Verhältnis zu Gedanke und Urteil, sondern die Möglichkeiten des Operierens mit Begriffen stehen im Zentrum dieser Analyse. Sie steht daher nicht in direkter Konkurrenz mit Begriffstheorien, die in der analytischen Philosophie von Frege bis Brandom entwickelt worden sind. Jedoch ist sie in ihrer hermeneutischen Bemühung mit vielen Ergebnissen der analytischen Begriffstheorie kompatibel. Adorno versucht zu verstehen, was die Gewohnheit der Verwendung von Begriffen für die Lebenspraxis in modernen Gesellschaften bedeutet – und welche Risiken in dieser so harmlos erscheinenden Gewohnheit liegen.

2. *Jenseits des nur identifizierenden Denkens*

Bekanntlich wird die Begriffsanalyse der *Negativen Dialektik* als eine Kritik des »identifizierenden Denkens« vorgetragen. Hierbei aber ist große Vorsicht geboten. Denn Adornos Kritik betrifft nicht das identifizierende Denken als solches, sondern allein dasjenige, das *nur* identifizierend verfährt. So wie Max Horkheimers *Kritik der instrumentellen Vernunft* keine Kritik des rationalen Mittelgebrauchs als solchen ist, was ja auch reichlich absurd wäre, sondern die Kritik einer Form der Vernunft, die sich *nur noch* in der Wahl von Mitteln für beliebige Zwecke zu äußern vermag, so gilt Adornos Kritik des identifizierenden Denkens einer bestimmten *Gestalt* dieses Denkens. Sie gilt derjenigen Gestalt, die auf das prädikative Identifizieren von Zuständen und Ereignissen fixiert ist und folglich unterstellt, dass Erkennen Identifizieren *ist.*

Der primäre Akt der Identifikation ist für Adorno die Bestimmung von etwas als etwas. Dies geschieht mit Hilfe von Begriffen, also Prädikaten, durch die angegeben wird, als was die in Rede stehenden Objekte aufzufassen seien. Die so verstandenen Begriffe sind generelle Termini, durch deren Gebrauch wir von einzelnem oder vielem aussagen, was – oder wie oder wo – es denn sei. Begriffe dienen hier zur Klassifikation von Gegenständen. Diese erfolgt durch sprachliche Aussagen, in denen die entsprechenden Angaben formuliert und festgehalten werden. Ohne Begriffe wäre das Denken kein Denken, da andernfalls gar nichts Bestimmtes gedacht werden könnte. »Denken heißt identifizieren.«[1] Zugleich aber, behauptet Adorno, ist ein Denken, das nichts weiter als ein Sichfestlegen auf Feststellungen ist, keines, das den *Möglichkeiten* der menschlichen Erkenntnis entspricht: keines nämlich, das den Gegenständen seines Erkennens *gerecht* zu werden vermag. Denken und Erkennen gehen in Akten des Klassifizierens nicht auf.

1 Th. W. Adorno, Negative Dialektik (ND), Frankfurt/M. 1970, 15.

Diese erweiterten Möglichkeiten – und damit: diese erweiterte Sachgerechtigkeit des Erkennens – eruiert Adorno in den konstruktiven Teilen seiner Überlegungen. Er orientiert sich dabei an unterschiedlichen Modellen, die auf verschiedene Weise auf das im bloß identifizierenden Denken unausgeschöpfte Potential von Erfahrung und Erkenntnis verweisen. Vier dieser in der Einleitung und in dem zweiten Teil der *Negativen Dialektik* ausgeführten Modelle werde ich im Folgenden kommentieren: das des Namens, das der Kunstkritik, das der Sprache und schließlich das des Gebrauchs von Wertausdrücken.

3. *Das Modell des Namens*

Ein erstes Beispiel ist das des Namens.[2] Auch Namen, so scheint es, benutzen wir, um Objekte in der Welt zu identifizieren: Wir identifizieren einen Menschen als Hans, eine Landschaft als das Engadin, eine Firma als diejenige namens Opel. Dies aber ist keine Identifikation in Adornos Sinn. Denn mit der Benennung durch Eigennamen wird ein Gegenstand nicht auf irgendeine seiner Eigenschaften festgelegt, sondern vielmehr gerade herausgehoben unter allem, was es sonst noch gibt. Man darf hier ruhig an Saul Kripkes »kausale« Theorie der Eigennamen denken:[3] der Bezug des Namens auf seinen Träger ist nicht durch Beschreibungen dieses Trägers vermittelt. Natürlich macht die erfolgreiche Benennung eines Gegenstands vielfältige Charakterisierungen dieses Gegenstands *möglich,* in dem sie sie gleichsam in Reichweite bringt; aber sie führt sie

2 »Wie statt dessen zu denken wäre, das hat in den Sprachen sein fernes und undeutliches Urbild an den Namen, welche die Sache nicht kategorial überspinnen, freilich um den Preis ihrer Erkenntnisfunktion. Ungeschmälerte Erkenntnis will, wovor zu resignieren man ihr eingedrillt hat und was die Namen abblenden, die zu nahe daran sind.« ND 59.

3 S. Kripke, Name und Notwendigkeit, Frankfurt/M. 1981.

nicht aus. Dieser Verzicht auf Klassifikation, der im Gebrauch von singulären Termini liegt, ist für Adorno von größter Bedeutung: erinnert er doch daran, dass es so etwas wie eine endgültige, vollständige oder umfassende Bestimmung von Personen und Sachen gar nicht geben kann und dass daher jeder Anschein einer solchen den Gegenstand vollständig auf den Begriff bringenden Zuschreibung irreführend ist.

»Das Schöne erfordert vielleicht die sklavische Nachahmung dessen, was in den Dingen unbestimmbar ist« – dieser in der *Ästhetischen Theorie* zitierte Satz von Paul Valéry hat bei Adorno zugleich den Stellenwert einer erkenntnistheoretischen Maxime.[4] Alle begrifflichen Bestimmungen sind, eben weil es *Bestimmungen* sind, *einseitige* Charakterisierungen der Objekte, denen sie gelten. Sie sind es auch dann, wenn sie im jeweiligen Kontext *angemessene* Charakterisierungen enthalten, solche also, die dem jeweiligen Interesse an der Sache entsprechen. Die Sache aber – ob das nun der Gegenstand einer wissenschaftlichen Untersuchung oder einer privaten Vereinbarung ist – hat stets Seiten, die in ihrer noch so adäquat und vollständig erscheinenden Beschreibung übergangen werden. Gegenüber der unvermeidlichen Bestimmtheit des Urteils hält der Name die Unbestimmtheit seines Referenten offen. Hans mag sein, was er will, wir nennen ihn Hans. Dieser Tisch mag sein, wie er will, die Rede ist von *diesem* Tisch. Der Name *individuiert* seine Träger in einer Weise, wie es von Aussagen über sie nicht geleistet werden kann. Nichts wäre daher in Adornos Augen verkehrter als Bertrand Russels Namenstheorie (die ihm wohl nicht geläufig war); diese setzt die Bedeutung von Eigennamen mit »definite descriptions« gleich, die die Referenz des Namens sichern sollen. Namen sind für Adorno keine Abkürzungen von Beschreibungen; sie stellen einen Bezug auf Objekte her, der sie begrifflich bestimmbar macht und sie doch zugleich gegenüber der Zumutung einer vollständigen begriff-

4 Th. W. Adorno, Ästhetische Theorie, Frankfurt/M. 1973, 113.

lichen Fixierung offen hält. Namen machen ihre Träger in ihrer Unbestimmtheit ansprechbar. Oder, mit einer Formel aus der *Negativen Dialektik*, sie sichern ihre »Nichtidentität in der Identität«.[5]

Diese Sicherung aber, das ist Adornos Pointe, ist ihrerseits abhängig von der Möglichkeit des Gebrauchs von Begriffen. Denn mit Namen allein lässt sich weder etwas unterscheiden noch etwas darstellen. Nur in der Reichweite von begrifflicher Unterscheidung und Darstellung, nur dort also, wo etwas als ein Soundso charakterisiert werden kann, ist es möglich, auch auf die Singularität dieses Objekts zu achten – und damit: es nicht auf eine Bestimmung zu bringen, sondern bei seinem Namen zu rufen. Um *diesen* Berg, *dieses* Gerät oder *diesen* Menschen in seiner Besonderheit anzusprechen, bedarf es der Begriffe »Berg«, »Gerät« und »Mensch«. Andererseits ist der Gebrauch genereller Termini abhängig von der Bezugnahme auf einzelnes, da die generellen Eigenschaften von einem, einigen oder vielen ausgesagt werden. Singuläre Ausdrücke stehen nur zusammen mit allgemeinen zur Verfügung – und vice versa. Begriff und Name werden darum bei Adorno nicht gegeneinander ausgespielt, sondern in ihrem Spannungsverhältnis thematisiert. Am Namen, meint Adorno, kann man sich die Blindheit einer nur fixierenden Erkenntnis der Welt in einem ersten Schritt deutlich machen, deren Kehrseite die Offenheit, Verschiedenheit und Fremdheit des Wirklichen ist – alle jene Züge von Individualität, denen Adorno den Obertitel des »Nichtidentischen« gegeben hat.

Die Grundtendenz dieser Überlegungen wird deutlich in einem mit »Klassifikation« überschriebenen Aphorismus aus der *Dialektik der Aufklärung*:

»Allgemeine Begriffe, von den einzelnen Wissenschaften auf Grund von Abstraktion oder axiomatisch geprägt, bilden das Material der Darstellung so gut wie den Namen für Einzelnes.

5 ND 155, vgl. 158.

Der Kampf gegen Allgemeinbegriffe ist sinnlos. Wie es mit der Dignität des Allgemeinen steht, ist damit aber nicht ausgemacht. Was vielen Einzelnen gemeinsam ist, oder was im Einzelnen immer wiederkehrt, braucht noch lange nicht stabiler, ewiger, tiefer zu sein als das Besondere. Die Skala der Gattungen ist nicht zugleich die der Bedeutsamkeit. Das war gerade der Irrtum der Eleaten und aller, die ihnen folgten, Platon und Aristoteles voran.

Die Welt ist einmalig. Das bloße Nachsprechen der Momente, die immer und immer wieder als dasselbe sich aufdrängen, gleicht eher einer vergeblichen und zwangshaften Litanei als dem erlösenden Wort. Klassifikation ist die Bedingung von Erkenntnis, nicht sie selbst, und Erkenntnis löst die Klassifikation wiederum auf.«[6]

»Die Anstrengung, über den Begriff durch den Begriff hinauszugelangen«,[7] wie es später in der *Negativen Dialektik* heißt, zielt auf eine Erkenntnis, die sich dem einzelnen nicht lediglich als einem Fall des Allgemeinen, sondern in seiner Besonderheit zuzuwenden vermag. Das durch Klassifikation entstehende Wissen ist aus dieser Perspektive nur ein vorläufiges Wissen. Zu gesteigerter Erkenntnis wird es erst, wenn es über dieses Faktenwissen hinausgeht und mit einem Bewusstsein der Individualität seines Gegenstandes verbunden wird. Im Format des Namens sieht Adorno eine der sprachlichen Möglichkeiten, auf die Einmaligkeit des einzelnen hinzuweisen. Diese Möglichkeit kann freilich ebenso gut ausgeschlagen werden. Der in allen Sprachen übliche Gebrauch von Namen garantiert als solcher noch keinen wirksamen Abstand gegenüber der Vormacht der klassifizierenden Erkenntnis. Auf das Wie des Gebrauchs kommt es an. Worin dieser kritische Gebrauch aber besteht, das lässt sich am Beispiel des Namens allein nicht zureichend

6 M. Horkheimer / Th. W. Adorno, Dialektik der Aufklärung, Frankfurt/M. 1986, 231.

7 ND 25.

erläutern. Denn im Gebrauch von Namen ist ja gar keine Erkenntnis möglich – durch ihn lässt sich etwas benennen, aber eben nichts erkennen. Das Ansprechen des Besonderen durch einen Namen leistet die von Adorno geforderte Transformation der Erkenntnis alleine nicht.

Die Selbstherrlichkeit der begrifflichen Klassifikation ist für Adorno nur die Kehrseite der Instrumentalisierung der natürlichen und sozialen Welt. Jedoch zielt seine Kritik nicht im Geringsten auf einen Ausstieg aus der Sphäre der Begriffe. Es geht ihm um eine *Überwindung des Gegensatzes* zwischen begrifflicher und nichtbegrifflicher Weltkenntnis, die für ihn mit einer Überwindung der Vorherrschaft der instrumentellen Vernunft gleichbedeutend ist. Nach dem Vorbild der *Phänomenologie des Geistes* formuliert Adorno seine Theorie des Begrifflichen in der Form einer unablässigen Reflexion über Bedingungen des Wissens. Aber die Pointe ist hier eine diametral andere. Das durch begriffliche Reflexion bis zur »absoluten« Gewissheit sukzessiv vervollständigte Wissen ist in Adornos Augen ein durchaus unvollständiges, weil in mehrfacher Hinsicht bewusstloses und achtloses Wissen. Er will die Hybris des begrifflichen Erkennens überwinden, ohne die Kraft des begrifflichen Denkens zu schmälern. Der Fixierung auf universale Verfügung, meint Adorno, muss bereits im Vollzug des Gebrauchs von Begriffen widerstanden werden, wenn ihr überhaupt widerstanden werden kann.

4. Das Modell der Interpretation von Kunstwerken

Das zweite Modell, an dem sich Adorno bei der Suche nach einer alternativen Begriffstheorie orientiert, ist das der Interpretation von Kunstwerken. Obwohl sich die Dynamik künstlerischer Werke nicht auf den Begriff bringen lässt, bedarf es begrifflich instrumentierter Deutungen, um der Bewegung dieser Werke teilhaftig werden zu können. Kunstwerke sind

Objekte einer Interpretation, die gerade nicht auf eine Verfügung über diese Objekte zielt. Deswegen führt Adorno die Deutung von Kunstwerken als ein Exempel für eine alternative Erkenntnispraxis an.[8] Kunstkritische Deutungen verwenden Begriffe und formulieren Aussagen über ihren Gegenstand – und legen deren Gehalt doch nicht auf den Gehalt des über sie Gesagten fest. Gewiss, sie geben eine *Bestimmung* ihres Gegenstandes. Das Geben dieser Bestimmung hat seinen Sinn aber hier nicht in der Festlegung des Objekts auf die prädizierten Eigenschaften. Indem prädiziert wird, soll vielmehr ein *Zugang* zum Objekt geschaffen werden, der es in seiner begrifflich unerreichbaren Komplexität zur Anschauung bringt. Wenn ich über Peter Handkes Buch *Mein Jahr in der Niemandsbucht* sage, es handle sich um eine »Komödie der Kontemplation«, so ist damit keine abschließende Aussage über das Buch getroffen – solche Aussagen lassen sich über starke ästhetische Objekte nicht treffen – , sondern es wird ein Hinweis darauf gegeben, wie das Buch gelesen werden kann.[9]

Adornos Hinweis auf die Interpretation von Kunstwerken hebt die pragmatische Dimension des Gebrauchs von Aussagen hervor. Auch in der Kunstkritik werden Aussagen getroffen, aber diese Aussagen erfüllen sich nicht in der Klassifikation ihrer Gegenstände, sondern haben eine wesentlich deiktische Funktion. Dies zeigt, dass Begriffe und Urteile anders verwendet werden können als zu Zwecken der kognitiven Verfügung über ihre Objekte. Sie können auch dazu verwendet werden, die Unbestimmtheit, ja Unbestimmbarkeit des Ge-

8 »Erkenntnis hat keine ihrer Gegenstände ganz inne. Sie soll nicht das Phantasma eines Ganzen bereiten. So kann es nicht die Aufgabe einer philosophischen Interpretation von Kunstwerken sein, ihre Identität mit dem Begriff herzustellen, sie in diesem aufzuzehren; das Werk jedoch entfaltet sich durch sie in seiner Wahrheit.« (ND 23)

9 M. Seel, Peter Handkes Komödie der Kontemplation, in: Merkur 49/1995, S. 1050-1054.

genstandes zur Geltung zu bringen. Hier wird eine über die Relation der Bezeichnung hinausgehende Selbsttranszendenz von Begriffen deutlich, die für Adorno entscheidend ist. Durch ihren Sachbezug hindurch schließen die interpretativ verwendeten Begriffe einen Zusammenhang auf, den sie zur Geltung bringen, ohne ihn erfassen zu wollen. Ästhetische Kritik zeigt etwas an ihren Gegenständen auf und gibt sie dadurch einer unreduzierten, das heißt für weitere Anregungen offenen Anschauung frei.

So, meint Adorno, verhält sich jede nicht-instrumentelle Erkenntnis zu ihren Gegenständen: sie lässt an ihnen durch die Vermittlung von Begriffen einen Reichtum von Aspekten erkennen, der selbst nicht auf den Begriff gebracht werden kann. Begriffliches *Erkennen*, das sich aus der Dominanz des identifizierenden Denkens befreit hat, steht in der Funktion eines nicht nur begrifflichen *Erkennenlassens*, das selbst nicht in begrifflicher Rede eingefangen werden kann. Dieses Erkennen, so legt das Modell der Kunstinterpretation nahe, ist trotz seiner begrifflichen Impulse an Prozesse der Wahrnehmung und Erfahrung gebunden: es lässt sich auf eine um ihrer selbst willen vollzogene Begegnung mit seinen Gegenständen ein. Eine solche Rücksicht auf die Objekte des Erkennens, meint Adorno, müsste das Ziel jeder reflektierten Erkenntnis sein. Worauf wir nämlich – in Theorie und Praxis – überall stoßen, sind *Konfigurationen* des Wirklichen, die verfehlt werden, wenn wir uns allein für das partielle, eindeutig klassifizierbare Sosein der Welt interessieren. Die Erfahrung von Kunst wird daher für Adorno zu einem Modell ungeschmälerter Erfahrung, für deren Prozess es kennzeichnend ist, dass wir mit Begriffen an eine Wirklichkeit heranreichen, die von keinem Begriff und keiner Kette von Begriffen in ihrer Totalität erfasst werden kann. »Wer heute philosophische Arbeit als Beruf wählt«, heißt es darum in Adornos Antrittsvorlesung aus dem Jahr 1931, »muß von Anbeginn auf die Illusion verzichten, mit der früher die philosophischen Entwürfe einsetzten: daß es möglich sei, in Kraft des Denkens die Totalität des Wirklichen zu ergreifen.«[10]

Adornos Revision der Erkenntnistheorie zielt auf eine Revision der Erkenntnispraxis auch und gerade im sozialen Bereich. Denn sein Begriff des Gegenstands von Erkenntnis ist letztlich nicht der eines Objekts, das zur subjektiven Verfügung stünde, sondern der eines Gegenübers, das den Erkennenden Achtung und Beachtung abverlangt.[11] *Wie ein Subjekt* steht das Objekt der erweiterten Erkenntnis dem erkennenden Subjekt gegenüber. Für diese Überblendung der Positionen von Subjekt und Objekt steht die Kunsterfahrung bei Adorno Pate. Das Kunstwerk firmiert als ein Stellvertreter eines Gegenübers – was immer dies für ein Gegenüber sei: ein Partner innerhalb sozialer Interaktionen, ein Phänomen innerhalb theoretischer Untersuchung oder ein künstlerischer Prozess. Dabei kommt es Adorno nicht auf eine Angleichung dieser unterschiedlichen Verhaltensweisen an, sondern auf das Moment einer Intensivierung durch Beschränkung, das ihnen allen gemeinsam ist. Wer das Gegenüber in den genannten Verhältnissen zu beherrschen versucht, muss es und muss damit sich selbst verfehlen. Denn er zerstört damit die Position eines Gegenübers nicht allein auf der *anderen*, sondern auch auf der *eigenen* Seite. Wer andere und anderes nicht ein Gegenüber sein lassen kann, kann selber kein Gegenüber für andere und anderes sein. Er beraubt sich der Freiheit, sein Denken und Handeln in Antwort auf die Konfigurationen der Welt zu bestimmen. Er ist auf das Fixieren fixiert. Für diese verfehlte Welt- und Selbstbeherrschung ist der Mechanismus der begrifflichen Domestizierung zentral, also eine Erkenntnispraxis, die ihr Ziel nicht in der

10 Th. W. Adorno, Die Aktualität der Philosophie, in: ders., Gesammelte Schriften Bd. 1, hg. v. R. Tiedemann, Frankfurt/M. 1973, 325.

11 »Während das Denken dem, woran es seine Synthesen übt, Gewalt antut, folgt es zugleich einem Potential, das in seinem Gegenüber wartet, und gehorcht bewußtlos der Idee, an den Stücken wiedergutzumachen, was es selber verübte.« (ND 28)

Überschreitung, sondern allein in der Sicherung eindeutiger begrifflicher Zuschreibungen hat. Diese ist instrumentell; ihr geht es nur um das Gewinnen distinkter Erkenntnisse, die das unverzichtbare Mittel, nicht aber der eigentliche Zweck des Erkennens sind: nämlich die natürliche und soziale Welt – *vermöge* begrifflicher Aufschlüsse – ein Gegenüber des eigenen Verhaltens sein zu lassen.

5. *Das Modell der Sprache*

Auf Konfigurationen aber trifft das Erkennen nicht allein auf der Seite seiner Gegenstände, es selber ist in einer fundamentalen Weise konstellativ verfasst. Adorno erläutert dies an seinem dritten systematischen Modell, dem der Sprache. Die Begriffe einer Sprache haben ihre Bedeutung nicht aus dem Bezug auf einzelne Sachen, sondern wesentlich aus ihrer Beziehung zueinander; nur indem sie implizit aufeinander verweisen, können sie auf etwas an ihren Objekten verweisen. Gerade an den philosophischen Begriffen, um die es Adorno in der *Negativen Dialektik* vor allen Dingen geht, lässt sich diese Interdependenz mit hoher Plausibilität deutlich machen. Wer den einen erläutern will, muss zugleich andere erläutern, und dies in einer offenen, im Vollzug der Reflexion unübersehbaren Verbindung mit wieder anderen Begriffen, die hierbei nicht eigens zur Klärung kommen. Gegenüber stolzen Systembildungen enthaltsam (oder »negativ«) verhält sich Adornos Dialektik eben darin, dass sie die philosophische Reflexion als einen unabschließbaren Prozess der begrifflichen Aufklärung versteht, für den es aus prinzipiellen Gründen keinen Abschluss gibt. Denn im Holismus der Bedeutung philosophischer wie aller übrigen Begriffe liegt zugleich ein Historismus dieser Begriffe, das heißt eine Veränderlichkeit ihrer Konstellationen, die nur um den Preis eines rapiden Bedeutungsverlusts stillgestellt werden könnte.

Dieser Holismus von Bedeutungszusammenhängen, wie ihn Adorno in einer entscheidenden Passage der Negativen Dialektik skizziert[12] hat mit einem illusionären Zugriff auf das Ganze der Sprache oder der Bedeutung, der Kultur oder des Geistes nichts zu tun. Dieses in die Totale gebrachte Ganze ist ja in Adornos Augen gerade das Unwahre, und zwar in einem methodischen wie in einem politischen Sinn. Es wäre ein Zustand der Selbstverfügung, der gleichbedeutend wäre mit intellektueller und sozialer Selbstzerstörung. Der Holismus begrifflicher Zusammenhänge, den Adorno in der *Negativen Dialektik* im Auge hat, ist demgegenüber nicht von einem imaginierten Außenstandpunkt, sondern aus dem Inneren sprachlicher Konstellationen gedacht. Dort ist die Bestimmtheit von Begriffen in einem Horizont der Unbestimmtheit gegeben, der dieser Bestimmtheit nicht widerstreitet, sondern vielmehr ihr notwendiger Gegenpart ist.[13] Das Telos theoretischen wie praktischen Bestimmens ist nicht die eines fernen Tages zu erreichende richtige Bestimmung der Welt, sondern die Genauigkeit zutreffender und aufschlussreicher Bestimmungen, die dem Denken und Handeln *hier und heute* einen erweiterten Spielraum gewähren.

Freilich trifft der von Adorno vertretene moderate Holismus bei genauer Betrachtung auf alle Formen des begrifflichen Erkennens zu – also auch auf jene, die er dem »konstellativen« Denken als »identifizierende« oder »klassifizierende« Verfallsformen gegenüberstellt. Die für Adorno charakteristische nor-

12 Die »Konstellation«, in die Begriffe treten, »belichtet das Spezifische des Gegenstands, das dem klassifikatorischen Verfahren gleichgültig ist oder zur Last. Modell dafür ist das Verhalten der Sprache. Sie bietet kein bloßes Zeichensystem für Erkenntnisfunktionen. Wo sie wesentlich als Sprache auftritt, Darstellung wird, definiert sie nicht ihre Begriffe. Ihre Objektivität verschafft sie ihnen durch das Verhältnis, in das sie die Begriffe, zentriert um eine Sache, setzt.« (ND 162)

13 Für einen solchen moderaten Holismus habe ich plädiert in M. Seel, Für einen Holismus ohne Ganzes, in: ders., Sich bestimmen lassen. Studien zur theoretischen und praktischen Philosophie, Frankfurt/M. 2002, 89-100.

mative Dimension muss also in diesen Holismus eigens eingetragen werden. Sie betrifft das *Wissen* um die unauflösliche Interdependenz begrifflicher Gehalte. Sie betrifft die Einsicht, dass Bestimmtheit und Unbestimmtheit lediglich zwei Seiten einer Medaille sind, dass also der Grenzwert vollständigen Erkennens ein philosophisches Hirngespinst ist. Nur dort können wir über die Anwendung reduktiver Schemata hinaus erkennen, wo wir uns *einlassen* auf Kontexte des Verstehens, in denen uns Kontexte der Welt zugänglich werden; erkennende Einlassung und gedanklicher Überblick schließen sich aus. Der instrumentalisierenden Erkenntnis, heißt das, darf nicht ein zwanghaft autonomistisches Bild entgegengestellt werden.[14] Die Freiheit des Erkennens ist keine negative Freiheit, sondern die Freiheit *für* eine bestimmende Bewegung, die sich von einer ungezwungenen Aufmerksamkeit für ihr Gegenüber leiten lässt.

Es ist das Wissen um die holistische Natur der Bestimmtheit von Begriffen, durch die die Schreibart philosophischer Texte für Adorno so außerordentlich wichtig wird. Das konstellative Schreiben, das Adorno praktiziert, ist zu verstehen als eine permanente Anzeige der sprachlichen und gedanklichen Bezüge, in denen die vorgetragenen Überlegungen stehen. Zugleich versucht es vorzumachen, wie sich eine erkennende Annäherung an Phänomene vollzieht, die diese gleichwohl in ihrer Selbständigkeit zu bewahren vermag – eine literarische Vergegenwärtigung allerdings, die Adorno in den *Minima Moralia* weit besser als in der *Negativen Dialektik* gelingt.

14 »Der Triumph, das Unmittelbare sei durchaus vermittelt, rollt hinweg über das Vermittelte und erreicht in fröhlicher Fahrt die Totalität des Begriffs, von keinem Nichtbegrifflichen mehr aufgehalten, die absolute Herrschaft des Subjekts.« (ND 172)

6. Das Modell des Freiheitsbegriffs

Das auf Individualität und Fremdheit hin transzendierende Moment von Begriffen macht Adorno schließlich in einem vierten Modell ihres aufgeklärten Gebrauchs deutlich. Sein Beispiel ist hier ein bestimmter Begriff, nämlich der der Freiheit.[15] Bei »emphatischen« Begriffen wie diesem, sagt Adorno, hat die Selbsttranszendenz von Begriffen eine besondere Bedeutung. »Emphatisch« sind die Begriffe, die Adorno hier im Auge hat, eben darum, weil sie dezidiert normative Begriffe sind. Nicht allein enthält ihr Gebrauch öffnende oder verengende Normierungen, wie das bei allen Begriffen der Fall ist; ihr *Gehalt* ist normativ, insofern mit ihnen Zustände der Welt als gedeihlich oder hinderlich begutachtet werden. Im Fall der Freiheit ist dies außerdem ein für die Möglichkeit des Denkens und Handelns höchst zentraler Zustand. Gerade bei der Verwendung solcher Begriffe, meint Adorno, muss der Gefahr eines vorschnell festlegenden Gebrauchs widerstanden werden. Sich über die Bedeutung dieser Ausdrücke im Klaren zu sein heißt nämlich, sie in der *Offenheit* ihres Bestimmtseins ernst zu nehmen. Nie können wir endgültig wissen, was unter menschlicher Freiheit zu verstehen ist, weil die individuellen und historischen Umstände, unter denen sie in Frage stehen kann, nicht antizipierbar sind. Insofern lässt der Begriff der Freiheit die von ihm gemeinte Sache immer auch unterbestimmt, und dies gerade dann, wenn er mit einer starken normativen Ausrichtung verbunden ist. Bei dem kompetenten Gebrauch eines solchen Begriffs kommt es darauf an, sich seines Fokus nicht

15 »Das Urteil, jemand sei ein freier Mann, bezieht sich, emphatisch gedacht, auf den Begriff der Freiheit. Der ist jedoch seinerseits ebensowohl mehr, als was von jenem Mann prädiziert wird, wie jener Mann, durch andere Bestimmungen, mehr ist denn der Begriff seiner Freiheit. Ihr Begriff sagt nicht nur, daß er auf alle einzelnen, als frei definierten Männer angewandt werden könnte. Ihn nährt die Idee eines Zustands, in welchem die Einzelnen Qualitäten hätten, die heut und hier keinem zuzusprechen wären.« (ND 151 f.)

allzu sicher zu sein. Seine Verwendung erfordert die imaginative Fähigkeit, Möglichkeiten im Auge zu behalten, denen bis dato noch keine Wirklichkeiten entsprechen. Für Adorno liegt hierin ein utopisches Moment. Wer starke normative Begriffe auf eine reflektierte Weise gebraucht, ist darauf eingestellt, dass das bis dato unmöglich Erscheinende doch einmal möglich werden könnte. Die Unterbestimmtheit des Gehalts dieser Begriffe wird so zu einem entscheidenden Kennzeichen ihrer Normativität. Der angemessene Gebrauch dieser Begriffe bleibt aufmerksam auch für Möglichkeiten des Denkens und Handelns, die vorerst noch nicht in Reichweite liegen.

7. Anerkennende Erkenntnis

Jedes der vier Modelle, die ich hier ausgehend von Adornos Beispielen für ein nicht nur identifizierendes Denken rekonstruiert habe, verweist auf Möglichkeiten, »mit Begriffen über den Begriff hinauszugelangen«. Diese Möglichkeiten sind keine entlegenen Optionen; sie liegen vielmehr außerordentlich nahe. Schließlich gebrauchen wir alle Namen, sprechen eine historische Sprache, lassen uns manchmal auf Kunst ein und verwenden häufig starke normative Begriffe. In allen diesen Formen des Denkens diagnostiziert Adorno ein Potential, von dem er meint, dass es in Geschichte und Gegenwart weitgehend ungenutzt geblieben ist. In ihrer wechselseitigen Verbundenheit lassen sie die in jeder Sprache angelegte Möglichkeit erkennen, sich der Natur und den Menschen gegenüber wie zu einem Gegenüber zu verhalten. Es handelt sich dabei um ein durchaus *reales* Potential, um eines also, das tatsächlich gegeben ist, wie sehr es auch missachtet wurde und wird. Überall, wo Begriffe gebraucht werden, *könnte* über das bloß »identifizierende« Denken hinausgegangen werden.

Und es *wird* auch darüber hinausgegangen. Die Geschichte der Philosophie, der Künste, teilweise auch der Wissenschaften, des Rechts und sogar der Politik bietet zahlreiche Hinweise darauf, dass instrumentelles Denken und Handeln die menschlichen Gesellschaften nicht insgesamt beherrschen. In dieser Beobachtung dürfte kaum ein Einwand gegen Adorno liegen. Denn es geht ihm darum, die in der Tat bedrohliche *Tendenz* einer durchgehenden Instrumentalisierung der menschlichen Verhältnisse dramatisch deutlich werden zu lassen. Hierbei kultiviert er eine Rhetorik der Übertreibung, die nicht zu Unrecht mit derjenigen Thomas Bernhards verglichen worden ist. Eine argumentative Relativierung dieser Übertreibungskunst könnte freilich zum Anlass einer weitgehenden Trivialisierung seines Denkens genommen werden. Gerade in seiner theoretischen Philosophie, so könnte der Einwand lauten, beschreibt Adorno das, was ohnehin gang und gäbe ist, versieht diese Beschreibung aber mit einem revolutionären Pathos, wofür diese Beschreibung keinerlei Rückhalt bietet. Schließlich gibt es gut entwickelte Theorien, die uns über die Besonderheit von Eigennamen, über die Eigenheit ästhetischer Erfahrung, über den semantischen Holismus und die Komplexität moralischer Begriffe Aufschluss geben. Warum alle diese Themen zu einer manierierten Begriffstheorie vermengen, wie es in der *Negativen Dialektik* geschieht? Warum die Analyse des Zusammenhangs von Sprache und Erfahrung mit der Idee einer Optimierung aller menschlichen Verhältnisse befrachten? Warum die theoretische Philosophie mit starken normativen Ansprüchen belasten, die nicht nur die Richtigkeit des Gebrauchs von Sätzen und Zeichen, sondern immer zugleich die Richtigkeit des Lebens betreffen?

Die Antwort ist einfach: weil sich nur so die normative Begriffstheorie ergibt, auf die es Adorno ankommt. Adorno versteht Begriffe als Medien einer *anerkennenden Erkenntnis*, die sich in einer nicht länger aspektblinden Berücksichtigung ihrer Gegenstände erfüllt. Dabei hängt alles von einem ebenso reflektierten wie zurückhaltenden Gebrauch von Begriffen ab. Durch die Beziehungen, die sie miteinander unterhalten, stellen solche Begriffe Beziehungen zu den Bezügen her, die ihre Objekte mit der Welt unterhalten. So geben sie den Blick für deren Eigenart frei. In der Fähigkeit, einen Blick für die Andersheit des anderen zu haben, fallen für Adorno theoretische, ästhetische und moralische Einstellung zusammen. Sie fallen zusammen in der wahrnehmenden Rücksicht auf die Besonderheit eines Gegenübers – ob dies nun ein Ding oder eine Person, eine Landschaft oder ein Kunstwerk sein mag. Die Beachtung der Besonderheit des Besonderen schließt für Adorno alle elementaren Formen der Achtung mit ein.[16]

Der Blick aber, der diese Arten der Achtung leitet, ist ein begrifflich geprägter Blick. Er nimmt sein Gegenüber als etwas wahr, das diese und jene Beschaffenheiten zeigt. Nur ist es kein von prädikativen Zuschreibungen beherrschter Blick. Er legt das Gegenüber nicht auf diese oder jene Akte seiner Erfassung fest. Dies setzt einen Gebrauch von Begriffen voraus, der die Gegenstände des Erkennens nicht überwältigt, sondern zu ihnen in ein Verhältnis der Anerkennung tritt, in dem Erkennendes und Erkanntes füreinander da sind, ohne voneinander dominiert zu werden.

Mit erkenntnistheoretischen Argumenten versucht Adorno zu zeigen, dass menschliche Aufmerksamkeit in einem bestimmten Sinn nicht teilbar ist. So wie Platon von den Tugenden sagt, dass man sie alle haben muss, um eine von ihnen haben zu können, sagt Adorno von den Arten der Rücksicht, dass man sie alle haben muss, um ein freies Verhältnis zur Welt zu gewinnen. Der Angelpunkt im erkennenden Anerkennen liegt bei Adorno nicht allein bei einer Schonung der *Objekte*, son-

16 Zwar leugnet Adorno die Differenzen zwischen theoretischer, moralischer und ästhetischer Anerkennung keineswegs. Aber seine These ist, dass diese Differenzen von ihren Konvergenzen her begriffen werden sollten: von der Rücksicht auf das an der Wirklichkeit, was Widerpart unserer begrifflichen Verfügungen ist. Der in der *Negativen Dialektik* (bes. 182 ff.) vertretene »Vorrang des Objekts« ist entsprechend keine allein erkenntnistheoretische, sondern wie alle anderen zentralen Sätze in diesem Buch zugleich eine moral- und kunsttheoretische Aussage.

dern im gleichen Maß bei der Schonung der *Subjekte* dieser Anerkennung. Denn nur durch ein teilweise entfunktionalisiertes Erkennen gewinnen diese die Freiheit, in den Gestalten der Welt mehr als nur Mittel, nämlich selbst Zwecke ihres eigenen Daseins zu sehen. Die Arbeitsteilung zwischen einer rücksichtslosen Manipulation der Natur und einer rücksichtsvollen Kultivierung der Gesellschaft geht nicht auf. Das ist die eigentliche Pointe dieser ethisch inspirierten Theorie des Begriffs. Sie lässt sich in Analogie zu der sogenannten »Zwecke-Formulierung« des kategorischen Imperativs wie folgt paraphrasieren:[17] Verhalte dich so, dass du die natürliche und soziale Welt jederzeit zugleich als Gegenüber und niemals nur als Mittel behandelst.

Wegen dieser ethischen Konsequenz ist das reflektierte theoretische Tun für Adorno weit mehr als nur Theorie. Es ist ein Paradigma befreiter Praxis, da hier eine nicht auf die Menschenwelt beschränkte Anerkennung ausgeübt wird. Hier wird eine Wahrnehmung der Welt möglich – in der doppelten Bedeutung eines aufnehmenden wie eines verwirklichenden Verhaltens – , der es in ihren wichtigsten Vollzügen zugleich um diese Vollzüge selber geht, wie es die antiken Autoren nicht allein für die Praxis der *theoria*, sondern ebenso für die politische Praxis geltend gemacht haben. Wer der Aufmerksamkeit erkennender Anerkennung fähig ist, ist bei sich selbst in einer Weise, wie es in der instrumentellen Zweckverfolgung nicht möglich ist. Er tut, was er will, weil er will, was er tut. Er ist in seinem Tun frei, weil das Gelingen dieses Tuns von dem Erreichen externer Zwecke nicht – oder jedenfalls nicht vollständig – abhängig ist. Aus diesem Grund ist Adornos kritische Theorie des Begriffs zugleich eine Theorie der Freiheit. Denn im Freiheitsgewinn – und das heißt für Adorno: in der »Abschaf-

17 Vgl. I. Kant, Grundlegung zur Metaphysik der Sitten, in: ders., Werke in zwölf Bänden, hg. v. W. Weischedel, Frankfurt/M. 1968, Bd. VII, BA 66 f.

fung des Leidens« an Unfreiheit[18] – liegt für ihn der ganze Sinn der Bemühung um Erkenntnis. Er liegt in dem Versuch, sich von der Fixierung auf Fixierung zu befreien und damit Abstand von dem Wahn der Beherrschung von Welt und Selbst zu gewinnen.

8. Jenseits der bloßen Kontemplation

Dieser Abstand vom Wahn der Beherrschung darf jedoch nicht als Abstand von der Beherrschung verstanden werden. Auf die Fähigkeit zum instrumentellen Handeln ist nahezu jede Form menschlicher Praxis angewiesen, ohne dass hierin ein Zeichen globaler Verkümmerung läge. Nicht in der instrumentellen Vernunft liegt das Verhängnis, sondern in ihrer Verselbständigung. Da das instrumentelle Verhalten aber nach Adornos Meinung in der Moderne zum Urbild allen Verhaltens geworden ist, sucht er nach einem Gegenbild zu diesem Verhalten, also nach Reaktionsweisen, die nicht einem Primat der Verfügung unterliegen oder sogar jenseits aller Interessen an Verfügung und Verwaltung stehen. Dieses Gegenbild jedoch, das Adorno unermüdlich, wenn auch oft nur zwischen den Zeilen entwirft, unterliegt seinerseits der Gefahr einer krassen Vereinseitigung. Es unterliegt ihr immer dort, wenn es ausschließlich als ein *Gegensatz* zu Instrumentalisierung und Funktionalisierung dargestellt wird. Dann nämlich wird unverständlich, wie ein freies Leben außer in einem utopischen Nirwana überhaupt möglich sein sollte.

Vor dieser Verzeichnung sollte man Adorno und seine Interpreten schützen. Denn sie entwirft das Bild einer Praxis, die

18 ND 27 u. 201; der bei Adorno S. 201 fehlende Zusatz, dass es bei der »Abschaffung des Leidens, oder dessen Milderung hin bis zu einem Grad, der theoretisch nicht vorwegzunehmen« ist, um ein *Leiden an Unfreiheit* geht, erscheint mir nötig, um seinen Gedanken diesseits aller Spekulationen über »die Auferstehung des Fleisches« (ND 205) verständlich zu machen.

jenseits geschichtlicher Verhältnisse steht – und damit allem widerspräche, was Adorno in der Nachfolge von Hegel, Marx und Weber über die gesellschaftliche Natur des Menschen weiß. Dieser Verzeichnung unterliegt Adorno überall dort, wo er den in seiner Begriffstheorie anvisierten Konvergenzpunkt theoretischen, ästhetischen und moralischen Bewusstseins zum alleinigen *Schauplatz* einer sinnvollen menschlichen Praxis erklärt. Dieser Konvergenzpunkt ist jedoch nur im seltensten Fall ein Ort des Handelns. Er ist vor allem ein *kriterialer* Gesichtspunkt, der auf alle Bereiche der menschlichen Welt *angewandt* werden kann. Das von Adorno analysierte erkennende Anerkennen ist eine *Dimension* individueller und gesellschaftlicher Praxis, die in keiner ihrer Formen fehlen sollte und in einigen wenigen – denen, die man als kontemplatives Tätigsein beschreiben kann[19] – den Mittelpunkt des Verhaltens bildet. Theoretische, ästhetische oder interaktive Kontemplation aber stellen *Sonderfälle* menschlicher Tätigkeit dar, die nicht zum übergreifenden *Paradigma* gesellschaftlicher Praxis erhoben werden dürfen. Das Anerkennen von anderem und anderen ist, von jenen Sonderfällen abgesehen, weniger eine Praxisform als vielmehr ein universales *Korrektiv* des Handelns, das dieses in seiner jeweiligen Richtung an Bedingungen ungezwungener Praxis erinnert. Die Freiheit dieser Praxis würde vollkommen verfehlt, würde sie, wie es bei Adorno manchmal geschieht, als eine Freiheit *von* aller Einwirkung auf die natürliche und soziale Welt verstanden. Wenn nur noch die ästhetische Kontemplation – das Hören von Musik oder der absichtslose Blick gen Himmel – als wahre Praxis gilt, kann von wahrer Praxis überhaupt keine Rede mehr sein.

Im Grunde ist dies Adornos eigener Vorbehalt gegen den Glauben, man könne in irgendeinem Reich des Scheins Ruhe vor der Bedrängnis des gesellschaftlichen Daseins finden. Aber

19 M. Seel, Theoretische, ästhetische und praktische Kontemplation, in: ders., Ethisch-ästhetische Studien, Frankfurt/M. 1996, 260-272.

das Gegenbild, das er der funktionalisierten Gesellschaft gegenüberstellt, hat seinerseits Züge einer romantischen Ausflucht, eben weil es in zu vielen Zügen ein bloßes Gegenbild ist: nämlich das Bild einer Praxis, die die Dimension des Gebrauchs von Mitteln zu nützlichen Zwecken ganz abgestreift hätte. Hierin lebt bei Adorno die marxistische Illusion der Errichtung eines »Reichs der Freiheit« auf der Basis eines automatisierten Bereichs der Notwendigkeit fort.[20] Diese Aufteilung steht im Widerspruch zu seiner Einsicht, dass die Qualität des Verhalten der Subjekte zu einander von der ihres Verhaltens zur Welt der Objekte nicht zu trennen ist. Und es steht im Widerspruch zu der Tatsache, dass das instrumentelle Gelingen eine konstitutive Dimension aller sozialen und politischen Praktiken ist. Denn auch in der besten aller Welten wollen Kinder aufgezogen, Kranke versorgt, die Toten beerdigt, Güter produziert und verteilt, Verkehrswege erhalten, Staaten verwaltet und Rechtsgrundsätze verteidigt werden: alles Praktiken, die ohne instrumentelle Vernunft nicht zu machen sind. Die Idee einer Bändigung des instrumentellen Denkens und Handelns kann daher nur diejenige sein, dass auch diese Vernunft zur Vernunft kommen, also anerkennende Erkenntnis mit einschließen möge.

20 Vgl. K. Marx, Das Kapital, Bd. III, Berlin 1973, 828.

4. Das Unmögliche möglich machen. Ein avantgardistischer Begriff der Kunst

Die Schwierigkeit, nein zu sagen, ist eng verschwistert mit derjenigen, auf eine unerhörte Weise ja zu sagen.[1] Vieles spricht sogar dafür, dass es sich hierbei um ein und dieselbe Schwierigkeit handelt. Wer mit dem Neinsagen Widerstände zu überwinden hat, trifft auf diesen Widerstand deshalb, weil er insgeheim ja zu Verhältnissen sagt, die nicht mehr oder noch nicht angesagt sind. Ich würde sogar noch weiter gehen und behaupten, dass es diese Schwierigkeit eines riskanten Jasagens ist, von der alle ernsthaften Schwierigkeiten mit dem Neinsagen herrühren. Ein gutes Beispiel für diesen Vorrang des Jasagens vor dem Neinsagen ist in meinen Augen gerade Adorno. Er hat die Negativität der Philosophie und der Kunst auf seine Fahnen geschrieben und wusste doch, dass im Zentrum seines Denkens ein normativer Begriff der Erfahrung stand, der alles andere als negativ war. Er hat das »Nichtidentische« zu einem Kristallisationspunkt seines Philosophierens gemacht und doch kaum Zweifel daran gelassen, dass er über einen positiven Begriff menschlicher Freiheit verfügt. Dass Positivität und Negativität einander ergänzen, zeigt sich gerade auch in seiner Ästhetik. Dieser Spur möchte ich folgen, indem ich der Frage nachgehe, ob der Kunst unter heutigen Bedingungen der Status einer Avantgarde zugesprochen werden kann. Die Antwort ist positiv. Der Kunst wohnt auch heute noch ein avantgardistisches Potential inne, weil sie es in den besten ihrer Werke vermag, ja zu Verhältnissen zu sagen, die bis dahin nicht angesagt waren.

Ich möchte diesen Gedanken zunächst unabhängig von

1 Diese Überlegungen wurden zuerst vorgetragen auf einer von Georg Kohler und Stefan Müller-Doohm im September 2003 organisierten Züricher Tagung unter dem Titel »Über die Schwierigkeit, nein zu sagen«.

Adorno entfalten, um anschließend zu erläutern, wie sich das gewonnene Verständnis zu Adornos Philosophie der Kunst verhält. Um den Eindruck zu zerstreuen, dass der Kontakt zu Adorno unterwegs verloren geht, sei das Ergebnis vorweggenommen: Adorno hat das avantgardistische Potential der Kunst unterschätzt, weil er ihre utopische Energie überschätzt hat.

1. Das Potential der Kunst

Da mein Titel zugleich meine These ist, kann ich mich für den Anfang auf eine Verlängerung dieses Titels beschränken.

Streng genommen ist dieser Titel natürlich widersinnig. Man kann das Unmögliche nicht möglich machen, da es sonst nicht wäre, was es ist: etwas nämlich, das unmöglich zu machen ist. Möglich machen lässt sich nur, was *bislang* oder *scheinbar* unmöglich war. Die Formel des Titels verweist also entweder auf Möglichkeiten, die bisher nicht realisierbar waren oder von denen bisher keiner realisiert hat, dass sie es waren. In einer logisch korrekten Form muss der Titel also lauten: »Das vorderhand oder vermeintlich Unmögliche möglich machen«.

Hier könnte eingewandt werden, dass ich meiner These über das Potential der Kunst mit dieser harmlos erscheinenden Korrektur den utopischen Stachel bereits jetzt gezogen habe. Aber das wäre ein Irrtum. Utopien sind keine *logisch*, sondern *historisch* unmöglichen Zustände: solche, deren Realisierung auf absehbare Zeit versperrt ist.[2] Ihre Nichtrealisierbarkeit enthält nur dann eine tragfähige Direktive, wenn sie grundsätzlich realisierbar sind. Ihre Funktion ist es, an entfernte Möglichkeiten zu erinnern, um die Gegenwart auf nahe liegende Möglichkeiten zu stoßen, die ansonsten gar nicht sichtbar würden. Wären

2 Zum Folgenden s. M. Seel, Drei Regeln für Utopisten, in: ders., Sich bestimmen lassen, Frankfurt/M. 2002, 258-269.

diese entfernten Möglichkeiten nicht grundsätzlich realisierbar, so wären auch die von ihnen aufgezeigten nahe liegenden Gelegenheiten nicht das, was sie versprechen: nämlich eine Eröffnung *aussichtsreicher* Möglichkeiten.

Aussichtsreich freilich sind Möglichkeiten nur, wenn sie wenigstens prinzipiell realisierbar und darüber hinaus *wünschbar* sind. Vieles zuvor Unmögliche oder für unmöglich Gehaltene ist im Lauf der Geschichte wirklich geworden, das sich besser nicht ereignet hätte. Die Büchse der Pandora erinnert daran, dass die Verwandlung des Unmöglichen ins Mögliche nicht in jedem Fall ein Glücksfall ist. Wer also versucht, bis dahin Unmögliches möglich werden zu lassen, sollte darauf achten, dass es attraktive Möglichkeiten sind, denen er zum Leben verhilft. Die neue Möglichkeit sollte eine Bereicherung der Lebensverhältnisse sein. Der Slogan »Das Unmögliche möglich machen« kann also sinnvollerweise nur heißen, etwas bis dahin Unmögliches und alles in allem Bereicherndes möglich zu machen.

Auch mit dem »Machen« ist es freilich so eine Sache. Denn man kann das, was vorerst nicht in Reichweite ist, nicht geradewegs herstellen wie etwas, das sich – und auf das man sich – schon längst versteht. Das Machen, um das es hier geht, ist stets ein Finden und Erfinden, ein Prozess also, der nicht in allen Stadien – und im entscheidenden Augenblick oft gar nicht – gelenkt werden kann. Das Bewirken von Zuständen, die bis dahin nicht realisierbar waren und doch alles in allem wünschbar sind, bedarf der Kunst, das Unmögliche möglich *werden zu lassen*.

Mit Kunst im engeren Sinn hat das soweit noch wenig zu tun. Wohl aber mit Kunst in einem weiteren Sinn – mit derjenigen der Entdeckung, Erfindung oder Entwicklung von Möglichkeiten des Denkens und Handelns, die bis dahin nicht erreichbar waren. Technik und Wissenschaft, Theorie und Politik kennen viele Beispiele einer solchen Kunst. Mag die Politik der Politiker auch eine Kunst des Möglichen sein, im politischen Prozess kennen wir manche Situationen, in denen in der soeben qualifizierten Bedeutung »Unmögliches möglich« wurde, etwa die Vereinigung Europas nach 1945 und 1989 oder die durch die Vermittlung von Präsident Clinton unter Begin und Arafat erreichte und inzwischen längst wieder verlorene Annäherung zwischen Israelis und Palästinensern. Etwas haltbarer sind manche der kopernikanischen Wenden im Bereich der Wissenschaft gewesen – von den manchmal gelingenden kleinen Revolutionen im Reich des persönlichen Lebens zu schweigen. Dass bis dahin unmöglich Erscheinendes auf willkommene Weise in den Bereich des Möglichen rückt, ist also in der menschlichen Welt nichts Ungewöhnliches, so ungewöhnlich es auch in jedem einzelnen Fall für die Beteiligten sein mag.[3]

Auch im ästhetischen Bereich sind dergleichen Revolutionen nicht selten. Sie sind hier sogar häufiger als anderswo; vielleicht definiert es den ästhetischen Bereich, dass sich hier ungeahnte Möglichkeiten leichter einstellen als andernorts. Wenn ich vom ästhetischen Bereich spreche, denke ich wiederum nicht ausschließlich an die Kunst, sondern an alle Prozesse, die es wert sind, in den wechselnden Konfigurationen ihres Erscheinens wahrgenommen zu werden. Das Möglichwerden des bis dahin Unmöglichen kann sich hier fast überall ereignen, ob in der Erfindung der englischen Gärten, in den ersten Kino-Vorführungen der Brüder Lumière, in der Konstruktion eines Autos wie des legendären Citroen D.S. oder eines Flugzeugs wie der Concorde. Oder man denke an das Feld des modernen Sports, der in seiner professionalisierten und medial inszenierten Gestalt auf das Eintreten unwahrscheinlicher Ereignisse geradezu ausgerichtet ist. Die Erfindung des Catenacchio oder der Position des Liberos im Fußball sind Vorgänge, die möglich machten, was zuvor nicht im Bereich der absehbaren Möglichkeiten war. Das Unvergleichliche, hier wurde es Ereignis.

3 Zur Dynamik historisch-kultureller Ereignisse vgl. M. Seel, Von Ereignissen, in: Merkur 57/2003, S. 147-153.

Diese wenigen Beispiele genügen, um einen ersten Begriff ästhetischer Avantgarde zu formulieren. Ästhetische Avantgarden sind Bewegungen, die in einem bestimmten Anschauungsbereich nie da gewesene Formen, oder genauer: ein nie da gewesenes Ineinander von Formen, hervorgebracht haben. Ästhetische Avantgardisten wie Helenio Herrera oder Franz Beckenbauer haben die Dynamik des Fußballspiels revolutioniert, indem sie seine Choreographie, seinen Rhythmus, seinen Stil und mit ihnen die Erfolgsbedingungen dieses Sports verwandelt haben. Sie haben das Spiel verändert. Das, so möchte ich behaupten, ist es, was ästhetische Avantgarden in allen kulturellen Bereichen bewirken: Sie verändern das Spiel, indem sie Möglichkeiten wirklich werden lassen, die als Möglichkeiten zuvor entweder unbekannt waren oder als wertlos eingestuft wurden. (Nicht umsonst werden viele ästhetische Innovationen zunächst als Zerstörung der guten Ordnung erfahren.) Möglichkeiten *wirklich* werden zu lassen aber heißt im ästhetischen Bereich: ihnen ein spannungsreiches Erscheinen zu geben, vor dem sich die Frage, ob es denn *wert* sei, ins Leben gerufen worden zu sein, früher oder später in Luft auflöst.

Mit Kunst im engeren Sinn hat das immer noch nicht viel zu tun. Dies dürfte jedoch kein Nachteil, sondern eher ein Vorteil sein. Denn der besondere Avantgardismus der Kunst ist in Isolation von den übrigen ästhetischen Avantgarden überhaupt nicht zu verstehen. Die Theorie der Kunst ist ein Teilbereich der Ästhetik, der verzeichnet wird, wenn man nur auf *diesen* Teil der ästhetischen Sphäre starrt. Das, was rückblickend die »Avantgardebewegungen« in der Kunst des 20. Jahrhunderts genannt wird, sind bekanntlich Tendenzen gewesen, die sich häufig *zwischen* der herkömmlich künstlerischen und einer ästhetisierenden Praxis außerhalb der institutionalisierten Kunst abgespielt haben. Aber auf eine historische Rekonstruktion kommt es mir im gegenwärtigen Kontext nicht an. Ich möchte vielmehr ein Verständnis von Kunst vorschlagen, das ihre besten Erzeugnisse als avantgardistische Operationen zu verstehen erlaubt – als Operationen, die es vermögen, die Konstellationen des für möglich und unmöglich Gehaltenen zu verändern.

Von den ästhetischen Phänomenen wie der Natur oder dem Sport unterscheiden sich im engeren Sinn künstlerische Operationen vor allem dadurch, dass sie – sei es »gegenständliche«, sei es »ungegenständliche« – *Darbietungen* sind. Der »Geist« von Kunstwerken, sagt Adorno in der *Ästhetischen Theorie*, hat seinen Ort in der »Konfiguration von Erscheinendem«.[4] In den Konfigurationen ihres Erscheinens kommunizieren sie einen wie immer gearteten Gehalt. Dieser kommt in der deutenden Konfrontation mit den künstlerischen Objekten – und nur dort – zur Erfahrung. Das unterscheidet Kunstwerke von anderen ästhetischen Inszenierungen (wie derjenigen des Sports), die uns gerade durch die Abwesenheit dargebotener Gehalte fesseln. Während bei den einen in der Erzeugung unwahrscheinlicher Konfigurationen um eine *Intensivierung der Gegenwart* aller Beteiligten gespielt wird, wird in den Operationen der Kunst darüber hinaus um ein *anschauliches Bewusstsein* leiblicher und geistiger, historischer und kultureller Gegenwart gespielt. Kunstwerke sind nicht allein herausragende *Ereignisse* des Erscheinens, sondern Darbietungs-Ereignisse, die sich im *Medium* ihres jeweiligen Erscheinens präsentieren. Von diesem – allerdings gravierenden – Unterschied abgesehen spielt die Erwartung ästhetischer Überschreitungen hier wie dort eine analoge Rolle. Starke oder, mit Adorno zu sprechen, avancierte Kunst, so verstanden, hat immer einen avantgardistischen Zug. Ihre Werke verändern das Spiel.

Aber welches Spiel? Das der Kunst natürlich. Was aber ändert sich, wenn sich dieses Spiel verändert? Es verändert sich die Intensität dieses Spiels und zugleich das Bewusstsein von Gegenwart, also das, worum hier gespielt wird. »Man könnte dann der Vermutung nachgehen«, schreibt Niklas Luhmann

4 Th. W. Adorno, Ästhetische Theorie (ÄT), Frankfurt/M. 1973, 135.

am Ende von *Die Kunst der Gesellschaft*, »daß die Kunst fiktionale und doch reale Arrangements ausprobiert, um der Gesellschaft in der Gesellschaft zu zeigen, daß es auch anders geht. Aber gerade nicht: daß es beliebig geht.«[5] Dies ist eine einsichtige Beobachtung, die sich mit Adornos These berührt, es sei Aufgabe der Kunst, die Möglichkeit des Möglichen ins Bewusstsein zu rufen. Indem sie dies tut, vermag sie einen geschärften Blick auf die Konstellationen des Möglichen und des Unmöglichen zu werfen, aus denen historische und kulturelle Gegenwarten bestehen. Im Ereignis ihrer Werke bringt sie jene Konstellationen des Möglichen und Unmöglichen, Anwesenden und Abwesenden durcheinander, die wir als Realität unserer Zeit zu erfahren gewohnt sind. Indem sie so mit dem Gleichlauf des Wirklichen bricht, führt sie auf und führt sie vor, wie sehr das Wirkliche ein Mögliches und wie sehr das Mögliche ein Wirkliches ist. Dieses Bewusstsein des Wirklichen im Möglichen und des Möglichen im Wirklichen ist ein Bewusstsein von Gegenwart: ein Bewusstsein dessen, wie offen der Lauf der Zeit und die Ordnung der Dinge tatsächlich sind; zugleich ein Bewusstsein dessen, wie sehr wir durch unser Verständnis der Gegenwart auf einen bestimmten Kreis von Möglichkeiten eingeschränkt sind; und damit ein Bewusstsein davon, dass dieser Kreis brüchig wird, sobald er in seiner Beschränkung wahrgenommen wird.

Man könnte dies als Leistung künstlerischer Avantgarden definieren. Sie lassen unser bisheriges Selbstverständnis am Brüchigwerden unserer bisherigen Kenntnis artistischer Formen brüchig werden. »Brüchigwerden« ist jedoch ein allzu negativer Ausdruck für das, was mit dem Auftreten avantgardistischer Werte geschieht. Sie sagen nicht allein »nein« zu hergebrachten Gestaltungsweisen, sie erfinden in ihrer Gestalt eine neue, die sie mit der Kraft ihrer Konstruktion *bejahen*. Und mit der Konstruktion, für die sie einstehen, stehen sie für ein Ver-

5 N. Luhmann, Die Kunst der Gesellschaft, Frankfurt/M. 1995, 504.

hältnis zur *Gegenwart* ihres Erscheinens ein: sie affirmieren die Möglichkeit der Erfahrung, die mit ihnen entstanden und an sie gebunden ist. Die Formerfindungen der Musik von John Coltrane und Miles Davis haben unser Verständnis der musikalischen Zeit, der Spannweite artistischer Improvisationen, der Verwobenheit von Exaltiertheit und Entspanntheit verändert – und damit unser Verständnis von Lebenszeit, von der Ambivalenz existentieller Bewegtheit und von dem Gewicht der Improvisation weit über die Musik hinaus. Die Auflösung der Musik in eine Suchbewegung ohne Anfang und Ende beim späten Coltrane oder die Auffächerung kontingenter, weitgehend nicht-hierarchischer Klangräume in den Produktionen von Miles Davis nach *Bitches Brew* haben bis dahin unmögliche musikalische Prozesse möglich gemacht. In der Sprache der Literatur vollbringt Imre Kertész dasselbe mit seinem *Roman eines Schicksallosen*, der die Deportation nach Auschwitz und den Aufenthalt in weiteren Konzentrationslagern aus der Perspektive eines Heranwachsenden erzählt. Dieser ist in seiner Verlorenheit beharrlich bestrebt, dem Leben in den Lagern so etwas wie Normalität, Natürlichkeit und Vernünftigkeit abzugewinnen, wodurch das Grauen um so dichter gegenwärtig wird. Dass diese Operation künstlerisch gelingen kann, hätte man – und hätte gewiss Adorno – vor dem Erscheinen dieses Buches für unmöglich gehalten. Ein anderes Beispiel sind die besten Romane von Philip Roth, in denen sich eine im Lesen unberechenbare Verwicklung von Motiven, Versionen, Übertreibungen, Darstellungen und Gegendarstellungen ereignet, von der man – vor Büchern wie *The Great American Novel, Couter-Life, I Married a Communist* oder *The Human Stain* – nicht gedacht hätte, dass sie sich zwischen zwei Buchdeckeln durchhalten lässt. Zu den Kunstwerken, die etwas tun, was sich bis dahin keines getraut hat, zählen auch Filme wie *Pulp Fiction* von Quentin Tarantino oder *Mulholland Drive* von David Lynch. In ihnen wird mit der Linearität und Zurechenbarkeit, man könnte sagen: mit der Rationalität und Musikalität des filmischen Geschehensablaufs, in einer noch nicht da gewesenen Weise gebrochen. Wenn aber mit dergleichen gebrochen und also ästhetisch nein gesagt wird, so wird im selben Atemzug etwas Neues erfunden und damit ästhetisch ja gesagt. Und wenn sich eine starke künstlerische Setzung ereignet, wird nicht nur ein starkes Zeichen der *Kunst* gesetzt, sondern ein starkes, die *Gegenwart* betreffendes Zeichen: etwa, im Fall der erwähnten Filme, darüber, wie vergeblich es ist, das eigene Tun und Träumen unter das Schema eines eindeutigen Genres zu bringen.

Das, so meine ich, ist es, was »avantgardistische« oder »avancierte« Kunstwerke tun. Sie schaffen neue Möglichkeiten der künstlerischen Konstruktion und eröffnen damit der Kultur, in der sie wirken, neue Möglichkeiten, der eigenen Gegenwart ins Auge zu sehen. In historischen Gegenwarten bringen sie bis dahin nicht gewesene oder nicht bewusst gewesene Möglichkeiten bewusster Gegenwart hervor.

2. *Kritik der ästhetischen Utopie*

Obwohl der Begriff der Avanciertheit eine gewisse Nähe zu Adorno herstellt, bleibt doch ein deutlicher Abstand sichtbar. Denn dieser Begriff ist bei Adorno mit einem geschichtsphilosophisch motivierten Fortschrittsgedanken verbunden, der in künstlerischen Angelegenheiten wenig hilfreich ist. Der Gedanke einer Bahn des Fortschritts, auf der sich die Kunst zu entwickeln habe, oder der eines »objektiven Standes« der Behandlung künstlerischen Materials, wie Adorno manchmal formuliert, schränkt das Potential der Kunst auf eine sachfremde Weise ein. Die These einer Gerichtetheit des künstlerischen Prozesses dürfte zum einen historisch fragwürdig sein. Die Kunstproduktion hat sich in den verschiedenen Gattungen stets in verschiedene Richtungen entwickelt, von denen die eine oder andere lediglich oft eine Zeit lang dominierend war. Zum andern ist die teleologische Komponente, die die

Rede von »avancierter Kunst« bei Adorno hat, auch normativ verfehlt. Die Kunst ist eine Praxis, die auf der Ebene der Produktion keine Verlaufsgesetze kennt, eben weil sie auf die Herstellung unwahrscheinlicher Objekte ausgerichtet ist, die unsere Erwartungen gerade im besten Fall durch Enttäuschung erfüllen.

Das ist aber noch die vergleichsweise harmlose Differenz. Der andere Unterschied zwischen meiner Skizze und der Kunsttheorie Adornos liegt in dem zentralen Begriff der Möglichkeit. Das einschlägige Zitat hierzu befindet sich in der *Ästhetischen Theorie*, in direktem Anschluss an die Passage, in der Adorno die Wahrheit der Kunst als »Schein des Scheinlosen« deutet. Kunst wird hier verstanden als Ausdruck eines in den modernen Gesellschaften unterdrückten Willens nach Veränderung. Dann heißt es: »Die Elemente jenes Anderen sind in der Realität versammelt, sie müßten nur, um ein Geringes versetzt, in neue Konstellationen treten, um ihre rechte Stelle zu finden. Weniger als daß sie imitierten, machen die Kunstwerke der Realität diese Versetzung vor. Umzukehren wäre am Ende die Nachahmungslehre; in einem sublimierten Sinn soll die Realität die Kunstwerke nachahmen. Daß aber die Kunstwerke da sind, deutet darauf, daß das Nichtseiende sein könnte. Die Wirklichkeit der Kunstwerke zeugt für die Möglichkeit des Möglichen.«[6]

Demnach, so könnte man nochmals mit Luhmanns Worten sagen, wäre die Kunst berufen, »der Gesellschaft in der Gesellschaft zu zeigen, daß es auch anders geht«. Adorno ist das jedoch nicht genug. Denn nicht allein *Möglichkeiten* der Welterfahrung machen die Kunstwerke ihren Adressaten vor, sondern sie stehen für *das Mögliche* ein, nämlich für die Erreichbarkeit einer befreiten Gesellschaft. Mit dieser Interpretation der künstlerischen »Möglichkeit des Möglichen« wird der Möglichkeitssinn der Kunst entschlossen ins Utopische gewendet.

6 ÄT 199 f.

Kunst wird zum Indikator einer unabsehbaren Veränderbarkeit der gesellschaftlichen Realität, in der verzweifelten Hoffnung, die Wirklichkeit möge sich eines fernen Tages zur Nachahmung der künstlerischen Vorahmungen entschließen. Adorno, heißt das, begreift den Avantgardismus der Kunst nicht allein ästhetisch, sondern im selben Atemzug politisch: als vorauseilende Antizipation der Möglichkeit des hier und heute Unmöglichen. Nur dadurch wird verständlich, warum die Idee von Kunst für Adorno mit derjenigen ihrer Selbstabschaffung verbunden ist. Denn sobald die scheinlose Freiheit an die Stelle der scheinhaften getreten wäre, bedürfte es nicht länger jener Medien, die ex negativo einen Vorschein des noch unmöglichen Möglichen verbreiten würden. Nach Adornos Auffassung zeigt die Kunst in ihren künstlerischen Möglichkeiten gesellschaftliche Möglichkeiten an, durch deren Eintreten sie selbst überflüssig werden würde. »Die geschichtliche Perspektive eines Untergangs der Kunst ist die Idee eines jeden einzelnen«, heißt es deshalb in der selben Passage. Die avantgardistische Kunst bejaht ihren Untergang als Kunst.

Dieser Gedanke ist jedoch alles andere als schlüssig. Denn anders als politische Avantgarden, die in Richtung auf Veränderungen vorangehen, an denen – falls es einmal gut geht – schließlich viele teilhaben können, gehen Kunstwerke in gar keine Richtung voran. Sie setzen sich in eine bis dahin unbesetzte Position. Das ist alles. Sie realisieren die Möglichkeit, die mit ihnen plötzlich da ist. Kunst, so könnte man sagen, ist der gesellschaftliche Fall, in dem die Avantgarde selbst bereits der gewünschte Fall ist. Kunstwerke sind nicht Indikatoren, sie sind Detektoren des Möglichen. Utopisch ist an ihnen gar nichts.[7] Sie sind weder Schein noch Vorschein, sondern Konfigurationen eines bis dahin nicht da gewesenen Erscheinens. Sie *selbst* eröffnen Möglichkeiten des Sehens und Fühlens, des Denkens und der Erfahrung. Sie tun dies nicht in einer fernen

7 Außer natürlich, wenn sie *inhaltlich* utopische Konturen aufweist.

Zukunft, sondern an den historischen Orten, an denen sie als bedeutende Objekte ins Bewusstsein treten.

Die sprengende Kraft der Kunst, ihre Fähigkeit, bis dahin Unmögliches möglich werden zu lassen, kann daher in der Sprache der Utopie überhaupt nicht beschrieben werden. Avantgardistische oder avancierte – oder auf sonst eine Art starke – Objekte der Kunst sind im Kern anti-utopisch. Sie verschwenden ihre Energien hier und jetzt; sie machen etwas wirklich, was eben noch außerhalb der Reichweite des Wirklichen stand. Wer, wie Adorno, die Kunst auf eine Bezeugung utopischer Möglichkeiten erhebt, verkennt das Potential, das in ihrer puren Gegenwart liegt. Denn der Möglichkeitssinn von Kunstwerken ist ein Sinn für die Möglichkeiten, die sie selbst sind. Sie *haben* etwas möglich gemacht, das zuvor nicht wirklich möglich schien. Zugleich ist jedes bedeutende Kunstwerk eine starke Anregung zu weiterer Kunstproduktion, die ihrerseits etwas Unabsehbares hervorbringen wird. Wäre die Kunst auf die Erinnerung an historisch unerreichbare Möglichkeiten abonniert, könnte sie hier und heute nichts Außergewöhnliches zu erfahren geben. Adorno verfehlt den Einsatz der Kunst, wenn er sie zum Vorschein einer künftigen anstatt zum Erscheinen einer gegenwärtigen Gegenwart macht.[8]

Die utopische Verflachung aber behält bei Adorno nicht das letzte Wort. Dafür ist sein Denken zu sehr an Möglichkeiten orientiert, die einer drohenden Instrumentalisierung der Lebensverhältnisse widerstehen. »Kein Menschenleben«, schreibt er in seiner Reflexion über das Sterben in der *Negativen Dialektik*, »das offen und frei zu den Objekten sich verhält, reicht aus, zu vollbringen, was im Geist eines jeden Menschen als Potential vorhanden ist; es und der Tod klaffen auseinander.«[9] Genauso aber klafft eine Lücke zwischen einer freien Kultur und dem, was sie zu ihrer Zeit an Möglichkeiten zu realisieren

8 Zum Verhältnis von Erscheinen und Gegenwart siehe M. Seel, Ästhetik des Erscheinens, München 2000.

9 Th. W. Adorno, Negative Dialektik, Frankfurt/M. 1970, 360.

vermag. Die Verwirklichung aller ihrer Möglichkeiten käme einem sozialen und intellektuellen Tod gleich; sie wäre das Ende jeder Aussicht auf eine noch unbestimmte Zukunft. Dieser Aussicht bedarf gerade eine freie Gesellschaft, die darauf verzichtet, ihre eigenen Möglichkeiten und die ihrer Mitglieder vollständig unter Kontrolle zu halten. Es ist daher gar nicht denkbar, dass es eine freie Gesellschaft geben könnte, die auf die Innovationen der Kunst – in allen anfangs erwähnten Bedeutungen des Wortes – nicht mehr angewiesen wäre. Eine Gesellschaft nämlich, die für die Realisierung des in ihr für unmöglich Gehaltenen nicht länger offen wäre, wäre das Gegenbild einer freien Gesellschaft, in deren Namen Adorno die utopische Selbstaufhebung der Kunst postuliert.

Der Gedanke einer Selbstüberwindung von Kunst ist daher nach Adornos eigenen Prämissen eine widersinnige Annahme. Schließlich ist es gerade die Kunst, die mit jedem ihrer bedeutenden Objekte gegen den Gedanken einer Ausschöpfung – und also Stilllegung – der menschlichen Imagination protestiert. Es ist das Zufriedensein, das Sichbegnügen mit dem im Denken und Handeln Üblichen, was die neuzeitliche Kunst fortlaufend negiert. Aber sie negiert dieses nicht im Namen einer beklemmend fernen und fertigen Erlösung, sondern im Namen der von ihr selbst realisierten Formen, durch die sie zeigt, dass es und wie es in der Wahrnehmung von Werk und Welt »auch anders geht«. Die Kehrseite dieser Negation ist das Vermögen einer bis dahin unerhörten Bejahung. Deswegen, weil sie zu der Andersheit ihrer Erfindungen steht und sich nicht auf das ganz Andere vertrösten lässt, ist Kunst immer auch eine Störung der guten Ordnung innerhalb und außerhalb des ästhetischen Bereichs – und damit ein Testfall der Erfahrungsfähigkeit der Gesellschaften, die sie mit einer Anschauung ihrer Gegenwart konfrontiert. Kunst, mit anderen Worten, ist nicht dadurch Kritik, dass sie utopisch, sondern dadurch, dass sie Kunst ist: dass sie in der Gegenwart eine andere Gegenwart schafft.

5. Adornos Apologie des Kinos

1.

In Adornos Ästhetik spielt der Film keine dominante Rolle. Musik, Literatur, Malerei – in dieser Reihenfolge – sind die Künste, an denen sich sein Denken orientiert. Aber der Film ist seit dem amerikanischen Exil in vielen seiner Texte präsent. Allerdings ist Adornos Verhältnis zu diesem Medium von einem großen Misstrauen geprägt. Selbst in dem freundlichsten Text, den er dem Kino gewidmet hat, den in verhaltener Solidarität zu dem entstehenden jungen deutschen Film geschriebenen *Filmtransparenten* aus dem Jahr 1966, findet sich die trostlose Notiz: »Man wird beobachtet haben, daß es einem im ersten Augenblick schwerfällt, die Vorschau auf einen demnächst zu bringenden Film von dem Hauptfilm, auf den man wartet, zu unterscheiden. Das sagt etwas über die Hauptfilme. (...) Jeder kommerzielle Film ist eigentlich nur die Vorschau auf das, was er verspricht und worum er zugleich betrügt.«[1] Filme machen Reklame für das Bestehende, von dem sie eine vorübergehende Befreiung nur versprechen. Die Einschränkung, dass es sich jedenfalls bei den *kommerziellen* Filmen so verhalte, besagt in diesem Zusammenhang nicht viel; denn Adorno weiß, dass die meisten Filme, die ins Kino und in die Programme des Fernsehens gelangen, kommerzielle Filme sind. Wer von der kulturellen Bedeutung von Spielfilmen spricht, muss von den im Kino (und in den anderen Vertriebssystemen) erfolgreichen Filmen sprechen. Ein Segen waren diese Erfolge in Adornos Augen nicht unbedingt. »Würde der größte Teil der Radios und Kinos stillgelegt«, heißt es im Kulturindustrie-Kapitel der *Dialektik der Aufklärung*, »so müßten wahrscheinlich die Kon-

1 Th. W. Adorno, Filmtransparente (FT), in: ders., Ohne Leitbild (OL), Frankfurt/M. 1967, 88.

sumenten gar nicht so viel entbehren. (...) Das Nachsehen hätten nicht so sehr die Enthusiasten als die, an denen sich ohnehin alles rächt, die Zurückgebliebenen. Der Hausfrau gewährt das Dunkel des Kinos trotz der Filme, die sie weiter integrieren sollen, ein Asyl, wo sie ein paar Stunden unkontrolliert dabeisitzen kann, wie sie einmal, als es noch Wohnungen und Feierabend gab, zum Fenster hinausblickte.«[2] Jedoch, wer so in Ruhe gelassen wird, wird es »trotz der Filme«, die im Dunkeln ihr manipulierendes Werk vollbringen. Die Erzeugnisse der Kulturindustrie nämlich sind auf eine Verkümmerung der kognitiven Fähigkeiten der Konsumenten angelegt. »Die Produkte selber, allen voran das charakteristischste, der Tonfilm, lähmen ihrer objektiven Beschaffenheit nach jene Fähigkeiten. Sie sind so angelegt, daß ihre adäquate Erfassung zwar Promptheit, Beobachtungsgabe, Versiertheit erheischt, daß sie aber die denkende Aktivität des Betrachters geradezu verbieten.«[3] »Autos, Bomben und Film«, heißt es daher an anderer Stelle der *Dialektik der Aufklärung* bündig, halten den »Zwangscharakter der sich selbst entfremdeten Gesellschaft« zusammen.[4]

2.

Von einer Apologie des Kinos ist das weit entfernt. Noch 1963, als Adorno zum Abschluss seiner Vorlesung über *Probleme der Moralphilosophie* Möglichkeiten des Widerstands gegen die verwaltete Welt erörtert, kommt ihm der Film als Agent des falschen Lebens in den Sinn. »Ich möchte fast sagen, noch der harmloseste Kinobesuch, zu dem wir uns verurteilen, müßte dann zumindest mit dem Bewußtsein davon gepaart sein, daß

2 M. Horkheimer / Th. W. Adorno, Dialektik der Aufklärung. Philosophische Fragmente (DA), Frankfurt/M. 1986, 147.

3 DA 134.

4 DA 129.

ein solcher Besuch, wenn wir ihn vollziehen, eigentlich bereits ein Stück Verrat an dem ist, was wir erkannt haben, und daß er uns wahrscheinlich – wenn auch um eine infinitesimale Größe, so doch sicher mit kumulativem Effekt – in eben das nur weiter verstricken kann, wozu wir gemacht werden sollen und wozu wir, um überleben zu können, um uns anzupassen, offenbar in immer weiterem Maß auch uns selber machen.«[5]

So groß kann Adornos Furcht vor der Manipulationsmaschine des Kinos andererseits nicht gewesen sein; denn er war zuversichtlich, sie mit probaten Mitteln entzaubern zu können. In einem am 16.7.1969 aufgezeichneten und am 13.8. 1969 – eine Woche nach seinem Tod – ausgestrahlten Rundfunkgespräch mit Hellmuth Becker entwirft Adorno die Grundlinien einer Medienpädagogik, die er für berufen hält, der Filmindustrie das Fürchten zu lehren.

»*Adorno*: Ich könnte mir etwa denken, daß man auf den Oberstufen von höheren Schulen, aber wahrscheinlich auch von Volksschulen gemeinsam kommerzielle Filme besucht und den Schülern ganz einfach zeigt, welcher Schwindel da vorliegt, wie verlogen das ist; daß man in einem ähnlichen Sinn sie immunisiert gegen gewisse Morgenprogramme, wie sie immer noch im Radio existieren, in denen ihnen sonntags früh frohgemute Musik vorgespielt wird, als ob wir, wie man so schön sagt, in einer ›heilen Welt‹ leben würden, eine wahre Angstvorstellung im übrigen; oder daß man mit ihnen einmal eine Illustrierte liest und ihnen zeigt, wie dabei mit ihnen unter Ausnutzung ihrer eigenen Triebbedürftigkeit Schlitten gefahren wird; oder daß ein Musiklehrer, der einmal nicht aus der Jugendmusikbewegung kommt, Schlageranalysen macht und ihnen zeigt, warum ein Schlager oder warum auch meinetwegen ein Stück aus der Musikbewegung objektiv so unvergleichlich viel schlechter ist als ein Quartettsatz von Mozart oder Beethoven oder ein wirklich authentisches Stück der neuen Musik. So

5 Th. W. Adorno, Probleme der Moralphilosophie, Frankfurt/M. 1997, 249.

daß man einfach versucht, zunächst einmal überhaupt das Bewußtsein davon zu erwecken, daß die Menschen immerzu betrogen werden, denn der Mechanismus der Unmündigkeit heute ist das zum Planetarischen erhobene mundus vult decipi, daß die Welt betrogen sein will. Daß diese Zusammenhänge allen bewußt werden, könnte man vielleicht doch im Sinn einer immanenten Kritik erreichen, weil es wohl keine normale Demokratie sich leisten kann, explizit gegen eine derartige Aufklärung zu sein. Obwohl ich mir sehr gut die Lobby etwa der Filmindustrie vorstellen kann, die sogleich in Bonn vorstellig würde, wenn man etwas Derartiges versuchte, und erklären würde, man wolle auf diese Weise einerseits einseitige weltanschauliche Propaganda betreiben und auf der anderen Seite den für die deutsche Bilanz so überaus wichtigen ökonomischen Interessen der Filmindustrie schaden. Diese Dinge müßten alle in einen realen Prozeß zur Beförderung der Mündigkeit mit hineingenommen werden.

Becker: Wobei man aber immer noch nicht weiß, ob die auf diese Weise entlarvten Filme nicht trotzdem, aufgrund Ihnen sehr wohl vertrauter unterirdischer Motive, eine recht erhebliche Anziehungskraft ausstrahlen, so daß die Filmindustrie vielleicht ihrerseits eher geneigt ist, den Entlarvungsprozeß als eine Art von Reklame anzusehen, als ihn von vornherein beseitigen zu wollen.

Adorno: Man kann sie aber den jungen Menschen madig machen. Jede Epoche bringt die Ausdrücke hervor, die ihr angemessen sind. Und manche dieser Ausdrücke, etwa ›Schnulze‹ oder ›madig machen‹, sind sehr gut. Ich würde eine solche Erziehung des ›Madigmachens‹ außerordentlich advozieren.«[6]

Diese Kunst des Madigmachens hätte wohl nur Aussicht auf Erfolg, wenn sie selbst mit einer Affinität für Erzeugnisse der populären Kultur verbunden wäre. Aus heutiger Warte erscheint Adornos Vorschlag aber auch deshalb naiv, weil ein di-

6 Th. W. Adorno, Erziehung zur Mündigkeit, Frankfurt/M. 1970, 145 f.

stanzierender Umgang mit den Medien längst zu einer verbreiteten Gewohnheit geworden ist – freilich nicht als Folge einer revolutionären Schulpädagogik, sondern durch ein Reflexiv- und Ironischwerden eines guten Teils der Medienproduktion selber. Wie nah Adornos zahllose Verdikte dem Kino gleichwohl stehen, wird aus einer Gegenüberstellung mit einer analogen Passage bei Heidegger deutlich. In seinem am 30.10.1955 in Meßkirch gehaltenen Vortrag über *Gelassenheit* beklagt Heidegger das Schicksal der durch Krieg und Industrialisierung aus ihrer Heimat Vertriebenen, um dann jedoch festzustellen, dass die daheim Gebliebenen vielfach »noch heimatloser« seien als die Heimatlosen. Schuld daran seien die Medien:

»Stündlich und täglich sind sie an den Hör- und Fernsehfunk gebannt. Wöchentlich holt sie der Film weg in ungewohnte, oft nur ungewöhnliche Vorstellungsbezirke, die eine Welt vortäuschen, die keine Welt ist. Überall ist die ›Illustrierte Zeitung‹ greifbar. All das, womit die modernen technischen Nachrichteninstrumente den Menschen stündlich reizen, überfallen, umtreiben – all dies ist dem Menschen heute bereits viel näher als das eigene Ackerfeld rings um den Hof, näher als der Himmel überm Land, näher als der Stundengang von Tag und Nacht, näher als Brauch und Sitte im Dorf, näher als die Überlieferung der heimatlichen Welt.«[7] Ein bisschen klingt das nach Adornos amerikanischer Hausfrau, der es in modernen Zeiten verwehrt ist, eine Wohnung mit Fenstern zu haben, aus denen es sich ungestört schauen ließe. Jedoch sieht Heidegger durch die Medien vor allem die »Bodenständigkeit des heutigen Menschen (...) im Innersten« bedroht. Ein solcher Maßstab ist Adorno denkbar fremd. Schließlich hat er von Kracauer und Benjamin gelernt, dass nicht nur griechische Tempel, sondern auch amerikanische Filme für das Bestehen einer kulturellen Welt verantwortlich sein können.

7 M. Heidegger, Gelassenheit, Pfullingen 1959, 15.

3.

Bei allem Misstrauen gegen die von ihr verbreitete Ideologie zollt Adorno der Kunstfertigkeit der amerikanischen Filmproduktion beinahe das höchste Lob, das er zu vergeben hat – und zwar bereits im Kulturindustrie-Kapitel der *Dialektik der Aufklärung*, wo dem Film ansonsten alles erdenkliche Üble nachgesagt wird. »Der Zwang des technisch bedingten Idioms, das die Stars und Direktoren als Natur produzieren müssen, auf daß die Nation es zur ihrigen mache, bezieht sich auf so feine Nuancen, daß sie fast die Subtilität der Mittel eines Werks der Avantgarde erreichen, durch die es im Gegensatz zu jenen der Wahrheit dient.«[8] Bemerkenswert ist dieser Satz, weil hierin die Anerkennung des Films als eines mit den anderen Künsten konkurrenzfähigen Mediums liegt. Gewiss, die Filme aus Hollywood dienen nicht der »Wahrheit« – in Adornos Augen sind sie nicht Ausdruck, sondern Agenten der verkehrten Welt. Aber »die Produzenten sind Experten«.[9] Sie bewegen sich auf dem Niveau der avantgardistischen Kunst, auch wenn sie ihrem Standard nicht zu entsprechen vermögen. Von hier aus wird die Maxime verständlich, die Adorno in der Einleitung seines gemeinsam mit Hanns Eisler geschriebenen Buches *Komposition für den Film* niedergelegt hat. Obwohl das Filmbuch in den vierziger Jahren während der Arbeit an der *Dialektik der Aufklärung* geschrieben wurde, liegt ihm eine weit offenere Einstellung zugrunde. Die Autoren erheben es zu ihrer Maxime, für das künstlerische Potential gerade der filmischen Konfektionsware aufmerksam zu sein. »Die Möglichkeiten, welche die technische Apparatur für Kunst in der Zukunft bietet, sind unabsehbar, und noch im verkommensten Film sind Augenblicke, wo diese Möglichkeiten sichtbar aufblitzen. Aber das gleiche Prinzip, das diese Möglichkeiten entfesselt hat, fesselt sie zugleich an den Betrieb des big business. Die Auseinan-

8 DA 137.
9 Ebd.

dersetzung mit Massenkultur muß es sich zur Aufgabe setzen, die Verschränkung beider Elemente, der ästhetischen Potentialitäten der Massenkunst in einer freien Gesellschaft und ihres ideologischen Charakters in der gegenwärtigen, sichtbar zu machen.«[10]

Vor allem aber hat Adorno, der Musiker und Musiktheoretiker, hier ein Auge – und Ohr – für etwas, woran die Filmtheorie bis heute achtlos vorbeigegangenen ist: für die spezifische Musikalität des Films. Ausgehend von der »Vieldeutigkeit des Bewegungsbegriffs« im Film stellt Adorno den »Großrhythmus« des Films demjenigen der Musik gegenüber. »Großrhythmus« meint weder die messbare Zählzeit im Fall der Musik oder die messbaren Einstellungslängen im Fall des filmischen Bildes, sondern die komplexe zeitliche Choreographie von Musikstücken oder Filmen als Ganzen. »Der ›Großrhythmus‹«, heißt es in dem Filmbuch, »ergibt sich aus der Zusammensetzung und Proportion der Formelemente, nicht ganz unähnlich musikalischen Verhältnissen.«[11] Das Besondere dieser Musikalität der filmischen Bewegung liegt jedoch nach Adornos Einsicht gerade in ihrer Differenz zu derjenigen der Musik. Denn die »großrhythmische Struktur von Filmen ist weder komplementär zur musikalischen noch ihr parallel: sie läßt als solche sich überhaupt nicht in eine musikalische umsetzen«.[12] Diese Beobachtung führt zu einem komplexen Begriff der filmischen Bewegung, die ja schon zur Zeit des Stummfilms stets eine visuelle *und* eine akustische gewesen ist. Die klangbildliche Einheit des filmischen Prozesses, so lautet

10 Th. W. Adorno / Hanns Eisler, Komposition für den Film (KF), in: ders., Gesammelte Schriften (GS), hg. v. R. Tiedemann, Frankfurt 1971 ff., Bd. 15, 12 f. – Auf die Kontroverse darüber, wie groß Adornos Anteil an diesem Buch ist, gehe ich nicht ein (vgl. GS 15, 405 f. u. 16, 682 f.). Anhand sachlicher und stilistischer Merkmale nehme ich lediglich an, dass die von mir im Folgenden zitierten Passagen aus Adornos Feder stammen.

11 KF 69.

12 KF 70.

Adornos Einsicht, muss aus der Ungleichartigkeit des visuellen und des akustischen Rhythmus verstanden werden: aus der Interferenz dieser differenten Bewegungen erst ergibt sich der Rhythmus eines gesamten Films. Darum schlägt Adorno vor, den Begriff der Montage über den Bereich des Bildes hinaus zu erweitern: »Wenn irgend dem von Eisenstein so emphatisch vertretenen Begriff der Montage sein Recht zukommt, dann in der Beziehung zwischen Bild und Musik. (...) Die Divergenz der Medien ebenso wie ihre konkrete Beschaffenheit schreibt diesen Montagecharakter vor.«[13]

Das Verhältnis von Bildspannung und musikalischer Spannung erläutert Adorno eindringlich am Beispiel des Films *Hangmen Also Die* von Fritz Lang aus dem Jahr 1942, für den Hanns Eisler die spärlich eingesetzte Musik komponiert hat. In der Eingangssequenz rückt die Kamera aus mehreren Perspektiven dem Hradschin nahe, durchmisst anschließend die mit der Symbolik des Dritten Reiches ausgestatteten Räume, um schließlich vor einem im Festsaal angebrachten Porträt Hitlers innezuhalten. »Die Musik endet bei dem Hitlerbild mit einem zehnstimmigen Akkord, durchdringend in weiter Lage gesetzt. Es gäbe kaum eine traditionelle Harmonie, die dieselbe Kraft des Ausdrucks hätte wie dieser äußerst avancierte Klang.«[14] Angeregt durch einen Vergleich mit dem zwölfstimmigen Akkord beim Tode der Heldin in Alban Bergs *Lulu*, der »einer Filmwirkung nahe« stehe, zieht Adorno eine weitreichende strukturelle Parallele zwischen den Kompositionsverfahren der Neuen Musik und des Films. »Während die Filmtechnik wesentlich auf die Herstellung von Spannungen gerichtet ist, spielt das Spannungsmoment der traditionellen Musik und ihrer tolerierten Dissonanzen nur eine untergeordnete Rolle oder ist so abgebraucht, daß es in Wahrheit keine Spannung mehr hergibt. Das Wesen der modernen Harmonik aber ist Spannung: sie kennt keinen Akkord, der nicht in sich eine ›Tendenz‹

13 KF 71.
14 KF 43.

trüge, weitertriebe, anstatt wie die meisten herkömmlichen Klänge in sich selber zu ruhen.«[15] Die Filmspannung, heißt das, kann von der besonderen musikalischen Spannung der modernen Musik eminent profitieren, und zwar, wie Adorno hellsichtig anmerkt, gerade dann, wenn sie die Formsprache der Bildverläufe nicht zu verdoppeln versucht.

Die Interaktion von Klang und Bild im filmischen Prozess allerdings wird von Adorno nur sehr knapp behandelt. Er begnügt sich mit dem Hinweis, dass die Bewegung des Films ihren Ort im Raum der äußeren Welt, die der Musik hingegen im »Innenraum der Subjektivität« habe.[16] Auch wenn das so sein mag, so ist damit der filmische Raum als solcher noch nicht erfasst. Denn hierbei bleibt der Klangbildraum unmarkiert, in dem sich das Kino-Subjekt während der Wahrnehmung eines Films befindet. Wie Erwin Panofsky in seiner genialen (zeitgleich mit Heideggers und Benjamins Kunstwerkaufsätzen entstandenen) Studie über *Style and Medium in the Motion Picture*[17] deutlich gemacht hat, ist der filmische Raum nicht so sehr ein Raum, *in dem* Bewegung stattfindet, als vielmehr selbst ein durch Kamera und Schnitt erzeugter Bewegungsraum, den das wahrnehmende Subjekt sehend exploriert. Und nicht allein sehend. Längst vor den räumlichen Effekten der Sensorround-Technik hat die musikalische Montage dem Film eine Dimension verliehen, die auf vielfältige Weise das imprägniert, was das Auge im Kino an Geschehnissen wahrnehmen kann (man denke nur an die Akustik eines Horrorfilms). In seiner Abhandlung *Über einige Relationen zwischen Musik und Malerei* aus dem Jahr 1965, die nach einer Ergänzung im Blick auf den Film förmlich schreit, hat Adorno hierzu das Nötige nachgetragen: »Bruckners Orchester wäre nicht, was es rein musikalisch ist, fehlte ihm die Qualität des Umfan-

15 Ebd.

16 KF 71.

17 E. Panofsky, Die ideologischen Vorläufer des Rolls-Royce-Kühlers & Stil und Medium im Film, Frankfurt/M. 1993.

genden, des Klangwaldes, der um den Hörer sich wölbt.«[18] In einem solchen Klangwald befinden sich die heutigen Kinozuschauer in anspruchsvollen Produktionen jederzeit – ob sie nun einen Film von Jean-Luc Godard oder von Ridley Scott verfolgen. Dass, wie Adorno in derselben Passage sagt, »räumliche Verhältnisse ins musikalische Phänomen selber fallen«, rückt die Klangwelt eines Films in eine komplexe Beziehung zu den räumlichen Verhältnissen, die sich auf der Leinwand abspielen. Aus der Interaktion dieser Räume, so könnte man zugespitzt sagen, ergibt sich die bewegte Zeit eines Films, in der sich im Kino ein virtueller Wahrnehmungsraum öffnet. Dabei dürfen auch die übrigen akustischen Dimensionen des Filmbildes nicht vernachlässigt werden. Auch Wort und Geräusch schließlich tragen wesentlich zu der Rhythmik filmischer Prozesse bei. Diese Rhythmik, also die Interferenz der beiden »Großrhythmen« des Bildes und der Tonspur, ist ausschlaggebend für das, was Filme eigentlich sind. Über den Gehalt von Filmen, heißt das, darf analytisch nur sprechen, wer auf die gesamte Organisation ihrer visuellen und akustischen »Formelemente« Rücksicht nimmt.

An diese Einsicht freilich hat sich Adorno allerdings nicht immer gehalten. Sonst hätte er sich nicht so oft mit der Oberfläche eines oberflächlich gesehen konventionellen Plots begnügt. Er hätte sich nicht – wie in der *Dialektik der Aufklärung*[19] – über den »Lubitsch-touch« mokiert, sondern gesehen, dass Komödien von Lubitsch oder Capra oder ein Western wie *Young Mister Lincoln* von John Ford filmische Bewegungen erzeugen, die ihresgleichen suchen. Er hätte vielleicht auch bemerken können, was für uns heute selbstverständlich ist, dass Actionfilme in erster Linie Musik fürs Auge sind, was immer die privaten und politischen Verwicklungen sein mögen, die in ihnen einer fiktiven Lösung zugeführt werden. Dass Adorno durchaus einen Sinn für die Bewegungsform

18 GS 632.

19 Über den »Lubitsch-touch« mokiert sich Adorno in DA 163.

des Kinos hatte, beweist sein Faible für Revuefilme, die, wenn man von der kitschigen Handlung einmal absehe, »dem Ideal der Montage am nächsten kommen und in denen darum die Musik am präzisesten ihre Funktion erfüllt«.[20]

4.

Durch das Prinzip der Montage wird der Film für Adorno sogar zu einem Vorreiter der übrigen Künste. Die Montage, heißt es in der *Ästhetischen Theorie*, »hat im Film den ihr gemäßen Schauplatz. Ruckhafte, diskontinuierliche Aneinanderreihung von Sequenzen, der als Kunstmittel gehandhabte Bildschnitt will Intentionen dienen, ohne daß die Intentionslosigkeit des bloßen Daseins verletzt würde, um die es dem Film zu tun ist.«[21] Dieser letzte Hinweis ist freilich etwas rätselhaft. Dem Film als solchem, behauptet Adorno, sei es um »die Intentionslosigkeit des bloßen Daseins« zu tun. Diese Aussage ist nur vor dem Hintergrund der Auffassungen von Benjamin und Kracauer zu verstehen, die Adorno in seinen filmtheoretischen Äußerungen immer wieder kommentiert. Von Benjamin übernimmt er die These einer anti-auratischen Verfassung des Mediums Film, die er auch dort noch durchschlagen sieht, wo im Star-Kino auratische Effekte produziert werden. Indem der Film aus diskontinuierlichen Bildfolgen montiert ist, widerstreitet er nach Adornos Ansicht bereits rein technisch der Illusion einer in einem metaphysischen Sinn heilen Welt. Die Erscheinungen des Filmbildes sind durch und durch synthetische, durch mehrdimensionale Montage erzeugte Klangbildverläufe, die als solche keinen übergeordneten Sinn verbürgen.[22] Das anti-auratische Moment der Filmtechnik ist für Adorno direkt verbunden mit einer realistischen Disposition

20 KF 74.
21 Th. W. Adorno, Ästhetische Theorie (ÄT), Frankfurt/M. 1970, 232.
22 Der Film, heißt es in dem Text über »Die Kunst und die Künste« im aus-

des Kinos, wie sie Kracauer in seiner *Theorie des Films* vehement propagiert hat. Dieser realistischen Disposition jedoch – darin weicht Adornos Auffassung deutlich von derjenigen Kracauers ab – arbeitet die Rhetorik der filmischen Organisation zugleich entgegen. Sie gibt nicht unmittelbar die äußere Realität wieder, sondern erzeugt einen »Schein von Unmittelbarkeit«, der sich in der Konfiguration seiner Bildverläufe bewähren und beweisen muss. Unter den künstlerischen »Mitteln der Unmittelbarkeit«, bemerkt Adorno in den *Filmtransparenten*, »mag die Improvisation, die dem Zufall ungesteuerter Empirie planvoll sich überlässt, obenan rangieren«.[23]

In dieser planvollen Hingabe an das Ungeplante liegt jene Spannung zwischen Intention und Intentionslosigkeit, von der auch in der *Ästhetischen Theorie* die Rede ist. Das filmische Bewegungsbild, wie genau es auch kalkuliert sein mag, ist kraft seiner fotografischen Technik stets eine Herstellung von Prozessen, die selbst keinem durchgängigen Kalkül unterliegen. Film ist eine Inszenierung des Zufälligen auch da, wo er durch und durch Inszenierung ist. Er vermag das »bloße«, nicht schon gedeutete oder sonst wie funktionalisierte Dasein seiner Gegenstände – seien dies Dinge, Menschen oder Landschaften – zum Leben zu erwecken. Er vermag dies aber nur im Rahmen einer Regie, die absichtsvoll einen im Einzelnen unvorhersehbaren und im Ganzen unwahrscheinlichen Bildverlauf entstehen lässt. Es wäre daher, so sagt Adorno in direkter Replik auf Kracauer, falsch, dem Film die Fähigkeit zu einer unstilisierten Wiedergabe der sichtbaren Welt zuzusprechen. Im Gegenteil macht es gerade die filmische Präsentationsform aus, die Din-

drücklichen Anschluss an Benjamin, kommt »sich selbst am nächsten, wo er das Attribut der Aura, das aller vorfilmischen Kunst zukam, den Schein einer durch Zusammenhang verbürgten Transzendenz, rücksichtslos ausscheidet; anders gesagt, wo er, in einer von der realistischen Malerei und Literatur kaum geahnten Weise, auf symbolische und sinnverleihende Elemente verzichtet.« (OL 180)

23 FT 80 f.

ge laufen zu lassen. »Bei äußerster Askese gegen Aura und subjektive Intention flößt doch das filmische Verfahren, rein seiner Technik nach, durch das Skript, die Gestalt des Photographierten, die Kamera-Einstellung, den Bildschnitt, der Sache unvermeidlich sinnverleihende Momente ein, ähnlich übrigens wie die Verfahren in Musik und Malerei, die das Material nackt hervortreten lassen wollen und in eben demselben Bestreben es präformieren.«[24] In dem Essay über »Die Kunst und die Künste« aus dem Jahr 1966, aus dem das Zitat stammt, tritt der Film selbstverständlich als eine unter den neueren Kunstarten auf – und zwar als eine, die in puncto Modernität mit den anderen mehr als mithalten kann.[25]

Der Film, so lautet jetzt die leitende These, erzeugt Bildverläufe, die sich der Kontrolle der Produzenten wie der Rezipienten entziehen. Was in der *Dialektik der Aufklärung* noch als ein künstlerischer Grundmangel des filmischen Mediums erschien, dass er keine Zeit lasse zur »denkenden Aktivität«, stellt sich nun als die Pointe nicht nur seines, sondern überhaupt des künstlerischen Verfahrens dar. Mit dem Blick auf den generellen Zustand der Künste nämlich fährt Adorno fort: »Während der Film aus immanenter Gesetzmäßigkeit sein Kunsthaftes abwerfen möchte – fast als widerspräche es seinem Kunstprinzip –, ist er noch in dieser Rebellion Kunst und erweitert sie. Dieser Widerspruch, den allerdings der Film unter seiner Abhängigkeit vom Profit nicht rein austragen kann, ist das Lebenselement aller eigentlich modernen Kunst.«[26]

24 Th. W. Adorno, Die Kunst und die Künste (KK), in: OL 181.

25 Adorno relativiert also in späteren Jahren die Aussage, mit der die Einleitung in *Komposition für den Film* beginnt: »Der Film kann nicht isoliert, als eine Kunstform eigener Art, sondern muß als das charakteristische Medium der gegenwärtigen Massenkultur verstanden werden, die sich der Techniken der mechanischen Reproduktion bedient.« (KF 11)

26 KK 181.

5.

Adornos Apologie des Kinos ist damit in ihren Grundzügen erkennbar. Fünf zentrale Aussagen lassen sich festhalten:

i. Trotz seiner »Abhängigkeit vom Profit« ist der Kinofilm eine Form der Kunst. Die Feststellung, dass noch in den »verkommensten Filmen« seine ästhetischen Möglichkeiten »sichtbar aufblitzen«, bedeutet eine grundsätzliche Anerkennung des künstlerischen Mediums Film.

ii. Der Film teilt ein Grundprinzip der modernen Kunst – und treibt es auf die Spitze. Er arrangiert ein Klangbildgeschehen, bei dem die Dynamik kontingenter Ereignisse willkommen ist. Seine besten Erzeugnisse zeitigen einen Stil der Improvisation; seine Verläufe sind die einer diskontinuierlichen Kontinuität.

iii. Erster Garant dieser improvisatorischen Natur ist eine mehrfache Montage, die sowohl den bildlichen als auch den akustischen Prozess als auch ihre Verbindung zu einem heterogenen Klangbildverlauf beherrscht. »Montage ist die innerästhetische Kapitulation der Kunst vor dem ihr Heterogenen« – wie es hierzu in der *Ästhetischen Theorie* heißt.[27]

iv. Trotz regelmäßiger Lippenbekenntnisse an die Adresse des »wunderlichen Realisten« Kracauer erscheint der Film bei Adorno nicht als ein dezidiert realistisches Medium.[28] Denn der aus komplexer audiovisueller Montage resultierende Film

27 ÄT 232. – Vgl. KK 167: »Kunst bedarf eines ihr Heterogenen, um es zu werden.«

28 Einen »wunderlichen Realisten« hat Adorno Kracauer in seinem gleichnamigen Essay genannt, in: Th. W. Adorno, Der wunderliche Realist, Noten zur Literatur III, Frankfurt/M. 1965, 83-108. – Wider besseres Wissen rezitiert Adorno gelegentlich das Kracauersche Dogma, dass die »photographische Technik des Films primär abbildend« sei (FT 83), um anschließend wieder die Gegenrechnung aufzumachen (FT 85 f.).

transformiert Ereignisse der Filmaufnahme zu einem Bildgeschehen, dass sich grundsätzlich *indifferent* zur Frage von Realismus und Anti-Realismus verhält.[29]

v. Die filmische Montage hat für Adorno ein übergreifendes Telos, nämlich – mit den Worten aus der *Ästhetischen Theorie* – der »Intentionslosigkeit des bloßen Daseins« zur Anschauung zu verhelfen. Man kann dies – im Einklang mit den tragenden Intuitionen der Philosophie Adornos – ein kontemplatives Ideal nennen. Demnach ist der Film von seiner medialen Disposition her dazu geeignet, die funktionalisierten Ordnungen der modernen Welt in ein disfunktionales Geschehen zurückzuverwandeln. Der Film ist berufen, eine Welt zu zeigen, in der die Dinge und Ereignisse in ihrer Besonderheit zum Vorschein gelangen können. Er ist jedoch zugleich dazu berufen, diese Verwandlung so durchzuführen, dass dabei die gesellschaftliche Irrealität dieser Anerkennung des Besonderen sinnenfällig wird.[30]

Es gibt durchaus Filme, in denen Adorno das Kino auf der Höhe seiner Möglichkeiten sah. Zu ihnen gehören einige Filme der Marx Brothers, vor allem *A Night at the Opera* und *A Day at the Races*, denen Adorno einen befreienden Sinn für Komik, insbesondere für das Komischwerden von Musik attestiert. Die Szene aus *A Day at the Races*, in der Harpo ein Klavier zertrümmert, um anschließend den Rahmen der Klaviersaiten als Harfe zu bespielen, wird sogar mit dem bei Adorno einmaligen Kompliment bedacht, ein »hochachtbare(s) Stück gehobener Unterhaltung« zu sein.[31]

29 Zur Frage des filmischen Realismus s. A. Keppler, Die Gegenwart des Fernsehens, Konstanz 2004, Kap. 2.

30 Deswegen rückt Adorno den Film auch in die Nähe des Naturschönen: FT 82.

31 KF 142; die dort zitierte Bemerkung findet sich zuerst in Adornos Essay »Der Fetischcharakter der Musik und die Regression des Hörens«, in: ders., Dissonanzen, Göttingen 1956, 43.

Angesichts solcher Filme gewinnt Adornos leicht abfällige Bemerkung aus der *Dialektik der Aufklärung*, immerhin gewähre das Dunkel des Kinos der Hausfrau die Gelegenheit, bei einem turbulenten Geschehen »unkontrolliert dabeizusitzen«, unversehens eine exemplarische Bedeutung. Denn das ist es, was Zuschauer angesichts eines starken Films im Kino tun: sie sind unkontrolliert bei einem klangbildlichen Geschehen dabei, das sie leiblich und seelisch animiert, ohne dass sie dabei ideologisch manipuliert würden. Und selbst wenn sie von filmischer Konfektionsware, wie es in der Stelle aus der *Dialektik der Aufklärung* heißt, »weiter integriert werden sollen«, so gewährt ihnen die pure Prozessualität des filmischen Bildes doch zugleich ein ästhetisches »Asyl«, das es ihnen erlaubt, einen Abstand gegenüber den Mächten der gesellschaftlichen Integration zu gewinnen. Diese Ambivalenz billigt Adorno nicht einigen Filmen, sondern dem *Medium* des Kinofilms zu. Das Dabeisitzen bei ihrem Verlauf lässt den Zuschauern die Freiheit, mehr oder weniger unbehelligt an einem Geschehen beteiligt zu sein, das sie als empfindende Subjekte gleichwohl etwas angeht. Das ist die von Adorno erkannte kontemplative Natur des Kinos: es gewährt seinen Zuschauern die Gelegenheit, sich in virtuellen Räumen wahrnehmend gehen zu lassen. Dort, wo die Zuschauer unkontrolliert – und, so muss man hinzufügen: nicht kontrollierend – dabeisitzen können, ist der gesellschaftliche Kreislauf von Produktion und Reproduktion, Strategie und Gegenstrategie für eine kurze Weile unterbrochen. Diese ästhetischen Unterbrechungen im Kreislauf der verwalteten Welt gibt es durchaus, wie Adorno unmissverständlich einräumt, wenn er von der »großartigen Eindringlichkeit« bestimmter Episoden im Marxschen Werk spricht.

Im Anschluss an die Analyse der Verwendung von Musik in *Hangmen Also Die* präzisiert Adorno seine Vorstellung einer modernen, Bild und Ton betreffenden Regie im Film. »Das Unmetaphorische, der ästhetischen Stilisierung überhaupt sich Entziehende, auf das der moderne Film in seinen konsequentesten Produkten abzielt, verlangt gerade nach musikalischen Mitteln, die nicht das stilisierte Bild vom Schmerz, sondern vielmehr dessen Klangprotokolle sind.«[32] Einen Film, der dieses Kriterium erfüllt, hat Adorno in den sechziger Jahren gesehen. Es ist *La Notte* von Michelangelo Antonioni aus dem Jahr 1960, an dem Adorno in den *Filmtransparenten* beobachtet, dass in ihm die filmübliche Konzentration auf bewegte Objekte »provokativ ausgeschaltet« werde. Sie sei freilich »in der Statik solcher Filme als negierte aufbewahrt. Das Filmwidrige des Films verleiht ihm die Kraft, wie mit hohlen Augen die leere Zeit auszudrücken.«[33] In der Tat ist *La Notte* von statischen Einstellungen dominiert, in denen selbst die Bewegungen von Menschen und Fahrzeugen in den Straßen Roms den Eindruck eines dauernden Stillstands erzeugen. Dieser Stillstand, in dem sich die Krise der von Jeanne Moreau und Marcello Mastroianni gespielten Hauptfiguren spiegelt, ist jedoch zugleich das Ergebnis einer genau kalkulierten Montage von Einstellungen und Sequenzen, in der die Ewige Stadt wie eine von sinnlosem Wirtschaften und rücksichtsloser Bautätigkeit zerfressene Wüstenlandschaft erscheint. Bildführung und Montage erzeugen einen fragmentierten Wahrnehmungs- und Erlebnisraum, von dem es höchst unzureichend wäre zu sagen, dass *in ihm* die Geschichte des Verlorenseins des Helden, seiner Frau und aller weiteren Figuren spielt; vielmehr *ist* die filmische Bewegung zwischen ortlosen Orten beinahe die ganze Geschichte, die der Film entfaltet. Im Unterschied zu Adornos erster Reaktion ist dies ein eminent filmisches Verfahren. Mit der *Zeit* der gezeigten Szenen wird zugleich ihr *Raum* erschaffen. Der Rhythmus der erzählten Geschichte geht aus dem Rhythmus der Bildverläufe hervor.

Dabei spielt die akustische Dimension eine erhebliche Rolle. In Antonionis Film werden die eher spärlichen und knappen Dialoge sowie das Geräusch der Stadt immer wieder von

32 KF 44.
33 FT 81.

Phasen einer artifiziellen Stille abgelöst, in der die metaphorische Leere der Stadtlandschaft besonders aufdringlich wird. Nach dem ersten Drittel des Films übernimmt zusätzlich die Musik eine dominante Rolle. Sowohl in der Bar, in der das trostlose Paar Ablenkung sucht, als auch bei einem Fest auf dem mondänen Anwesen des Industriellen, wo es den Rest der Nacht verbringt, ist immer wieder Musik zu hören.

Gespielt wird diese Musik von einem Jazz-Quartett unter der Leitung des Pianisten Giorgio Gaslini.[34] Sie spielen typischen Cool-Jazz der Zeit; das Spiel des Tenorsaxophonisten Eraldo Volonté, der die Performance mit seinen Soli beherrscht, ist dem Stil von Musikern wie Ben Webster und Lee Konitz verwandt. Bis zum Morgengrauen sorgt die Band für die musikalische Unterhaltung der Gäste; ihre Klänge werden wie zuvor das Geräusch der Stadt von Phasen der Stille oder des bloßen Dialogs unterbrochen. Ein paarmal erscheinen die vier Musiker bei ihrem Spiel im Bild. Dass die Atmosphäre des äußerlich durchaus heiteren und ausgelassenen Fests, auf dem zwei Drittel des Films spielen, insgesamt so desolat bleibt wie an den Schauplätzen zuvor, rührt entscheidend von dieser Musik her, die mit ihrem gleichmütigen Rhythmus, mit ihrer Lethargie und Lakonie, die ostentative Lebenslust der Feiernden dementiert. Der moderne Film, so hatte Adorno gesagt, verlangt »gerade nach musikalischen Mitteln, die nicht das stilisierte Bild vom Schmerz, sondern vielmehr dessen Klangprotokolle sind«. Solche Klangprotokolle liefert hier das Quartett von Gaslini. Wenn Adorno also dem Film *La Notte* die Kraft zuspricht, »wie mit hohlen Augen die leere Zeit auszudrücken«, so spricht er diese Kraft nach seinen eigenen filmästhetischen Kriterien zugleich der Musik dieses Films zu. Er spricht ihr, um es mit Worten aus der *Ästhetischen Theorie* zu sagen, das Vermögen zu, »Gedächtnis des akkumulierten Leidens«[35] zu sein. An

34 Giorgio Gaslini (p), Eraldo Volonté (ts), Alceo Guatelli (b), Ettore Ulivelli (dr).

35 ÄT 387.

dieser Stelle – es dürfte in seinem Werk die einzige sein – enthält Adornos Apologie des Kinos den Anfang einer Apologie des Jazz.[36]

36 Anders als beim Kino lässt sich eine solche Apologie allerdings bei Adorno nicht rekonstruieren. Einige weitere Hinweise finden sich dennoch. Der Marx-Brothers-Film *At the Races* enthält Passagen eines sehr schwungvollen Swing, die Adorno nicht abgestoßen zu haben scheinen – wie denn auch sein relatives Faible für Revuefilme ein Durchgehenlassen des Jazz als gehobene Unterhaltung klarerweise mit einschließt. »Innerhalb der leichten Musik«, heißt es entsprechend in Adornos *Einleitung in die Musiksoziologie* (in: GS 14, hieraus die folgenden Zitate), »hat der Jazz fraglos seine Meriten. Er hat gegenüber der Idiotie der von der Operette nach Johann Strauß abgeleiteten leichten Musik technische Fertigkeit, Geistesgegenwart, die sonst in der leichten Musik abgebaute Konzentration, auch klangliches und rhythmisches Differenzierungsvermögen geschult. Das Klima des Jazz hat die teenagers von dem sentimentalen Muff der Gebrauchsmusik ihrer Eltern befreit.« (212) Unter Verwendung eines Bonmots von Willy Haas klassifiziert Adorno den Jazz hier als »gute schlechte Musik neben all der schlechten guten« (211). Dies stellt den Jazz, anders als den Kinofilm, eindeutig außerhalb des Bereichs der eigentlichen Kunst. Als Hauptmangel am Jazz erscheint geradezu, dass seine Verfechter ihn für ästhetisch innovativ halten. »Zu kritisieren ist der Jazz erst, wenn die zeitlose Mode, von Interessen organisiert und multipliziert, sich als modern, womöglich als Avantgarde verkennt.« (212 f.) Dieses Fehlurteil hat Adorno nirgends direkt revidiert.

6. Zwischen Vereinnahmung und Distanzierung. Vier Fallstudien zur Massenkultur (zusammen mit Angela Keppler)

Kriterien

Der Konflikt zwischen Kultur und Demokratie ist so alt wie die Existenz politischer Demokratien, genau genommen sogar um einiges älter. Er nährt sich aus einem tiefsitzenden Zweifel an der Möglichkeit eines demokratischen Zustands der ästhetischen Kultur. Eine ästhetische Kultur, die zu demokratischen Zuständen passte, so lautet der Verdacht, wäre ihrer entscheidenden Impulse beraubt – eine angepasste, entmündigte, banalisierte Kultur. Unsere Beobachtungen zur populären Kultur wollen zeigen, dass dieser Verdacht unbegründet ist – nicht nur dort, wo er einen prinzipiellen Antagonismus zwischen Kultur und Politik behauptet, auch dort, wo er über die real existierende Massenkultur das pauschale Urteil einer ästhetisch toten Praxis trifft. Wenn es gelingt, den Glauben an die grundsätzliche Unvereinbarkeit der beiden Seiten zu erschüttern, ergibt sich Raum für die gegenteilige Überzeugung, dass zur politischen Demokratie ein demokratischer Zustand der ästhetischen Kultur gehört.

Trotzdem, natürlich, ist Vorsicht geboten, wo es um das Verhältnis von ästhetischer Kultur und demokratischem Verständnis geht. Es wäre einigermaßen absurd, von der ästhetischen Kultur zu verlangen, sie möge – wie die politische – im Grundsatz egalitär verfasst und partizipatorisch organisiert sein. Diese Absurdität tritt besonders dann hervor, wenn man die ästhetische Produktion ins Auge fasst. Ein Postulat gleichberechtigter Mitbestimmung ist hier ebenso fehl am Platz wie die Erwartung, die betreffenden Erzeugnisse müssten allgemein nicht nur zugänglich, sondern auch noch begreiflich und gefällig sein. In ästhetischen Dingen schließen *demokratische* und *demokratisierte* Verhältnisse einander aus. Denn auch bei der Konsumtion ästhetischer Güter sind Egalität und Partizipation nicht die Hauptpfeiler einer vernünftigen Praxis. Was ihnen im ästhetischen Bereich entspricht, dürfte eher in den Grundsätzen der Öffentlichkeit und Permissivität des kulturellen Angebots liegen. Es soll das einen öffentlichen Raum haben, was den wenigen, ebenso wie das, was den vielen gefällt. Abwesenheit von Zensur, ob im Namen einer Minderheit oder auch einer Mehrheit, ist das mindeste, was ästhetische und politische Kultur unter demokratischen Verhältnissen gemeinsam haben.

Aber auch nur das mindeste. An der These nämlich, das, was einmal Kultur der Aufklärung hätte sein sollen, sei zur bewusstseinstrübenden Industrie verkommen, ist immerhin so viel richtig, dass die Abwesenheit von Zensoren allein noch keine freie Kultur ausmacht. Und das, eine freie Kultur, soll die demokratische ja sein: eine Kultur, die ihren Mitgliedern, auch und gerade unter ästhetischem Aspekt, die Freiheit zur ungezwungenen Selbstentfaltung und Weltbegegnung lässt. Die These der *Dialektik der Aufklärung* ist bekannt: Es ist die Kunst der Kulturindustrie – und das heißt: ästhetischer Kulturen wie der unseren –, diese Freiheit in der bloßen Erzeugung ihres Scheins zu gewähren. Demokratische Kultur wäre demnach nichts weiter als eine – wenngleich sehr erfolgreiche – Täuschung. Demokratie ist in diesem ästhetischen Konservativismus immer nur *horizontal*, als öffentlicher Streit unter den Gebildeten und Berufenen, verstanden. Dort, wo dieses Denken sich mit linkem politischen Bewusstsein paart, wird sie allenfalls *diagonal*, als Heranführung der Massen an das Niveau der eigenen Bildung, verstanden. Hier wie dort wird sie niemals *vertikal* aufgefasst, als offene Koexistenz und Konkurrenz der ästhetischen Bereiche. Erst dieses vertikale Verständnis aber nimmt den Gedanken einer demokratischen Kultur ernst.

Denn die politische Gemeinschaft grundsätzlich Freier und Gleicher schließt ein Zusammenleben des subtilen und sublimen mit dem banalen und trivialen Geschmack notwendigerweise mit ein. Zur Idee einer demokratischen Kultur gehört weder die Erwartung, dass sich das Subtile *in the long run* durchsetzen werde, noch der Glaube, dass die ästhetische Kultur der politischen prinzipiell entgegengestellt sei. Zum Begriff einer demokratischen Kultur – in dem die ästhetische als ein wichtiger Teil der politischen erkannt ist – gehört vielmehr die Norm einer ungezügelten Koexistenz des Elitären und des Populären.

Die Vertreter der älteren Kritischen Theorie hatten keinen solchen Begriff. Horkheimers und Adornos Ablehnung des politischen Systems der USA entsprang nicht zuletzt einer vehementen Ablehnung ihrer ästhetischen Kultur, trotz einiger leiser Signale der Sympathie für dieselbe, die sich aus dem Kulturindustrie-Kapitel der *Dialektik der Aufklärung* heraushören lassen. Wir möchten jedoch nicht die bekannten Einwände gegen den (methodisch und diagnostisch ja im Übrigen keineswegs unfruchtbaren) Elitismus der älteren Kritischen Theorie wiederholen. Wir möchten stattdessen die Kritik am Verblendungszusammenhang der Kulturindustrie zum Anlass nehmen, zwei Kriterien zu formulieren, an denen sich der tatsächliche Freiheitszustand einer permissiven Kultur bemessen lässt. Adorno hatte nämlich durchaus die richtigen Kriterien, nur machte er von ihnen angesichts des Kulturschocks, den die amerikanische Erfahrung für ihn bedeutete, keinen sehr einleuchtenden Gebrauch.

Wie schon erwähnt, hat Adorno ganz richtig gesehen, dass eine Kultur permissiv und doch repressiv sein kann. Es folgt aber nicht, dass eine Kultur wie die unsere, die permissiv ist, schon deswegen repressiv ist. Dennoch kann man sich mit Adorno auf eine Bestimmung dessen einigen, was hier mit Repression gemeint ist. Die beiden Kriterien, die er einsetzt, sind das der Manipulation und das der Nivellierung. Zum einen sieht Adorno eine ungeheure Manipulation am Werk: Die Industrien der Musik und des Films inklusive des Fernsehens bringen die Leute dazu, ihre Zeit anders zu verbringen, als sie es wirklich wollen, und sie vermögen dies, indem sie ihnen eine Wirklichkeit vorspiegeln, die sie blind macht für das, was ihre faktische Wirklichkeit ist. Zum andern sieht Adorno das Telos der Kulturindustrie in einer gnadenlosen Nivellierung der ästhetischen Sphären, die eine Nivellierung fast aller kulturellen Bereiche mit einschließt: Kunst und Kommerz, Argument und Show, Politik und Werbung, Erkenntnis und Unterhaltung, Natur und Technik fließen in einer unaufhörlichen Reklame für das Bestehende ineinander. Unter beiden Aspekten, dem der Manipulation und dem der Nivellierung, stellt sich die Kulturindustrie in Adornos Augen als ein massenhafter Betrug und eine massenhafte Beraubung dar: als ein Betrug um vielfache ästhetische Freuden und als eine Beraubung der Fähigkeit zur individuellen Erfahrung.

Diese Diagnose wollen wir im Folgenden prüfen. Dazu ist es hilfreich, den beiden negativen Kriterien jeweils ein positives Äquivalent zur Seite zu stellen. Das Gegenstück zu der von den Produkten der Kulturindustrie möglicherweise ausgehenden Manipulation ist eine Gebrochenheit und Mehrdimensionalität, mit einem Wort: eine Ambiguität dieser Produkte, die es möglicherweise verhindert, dass die Konsumenten ihrer Perspektive widerstandslos ausgeliefert sind. Das positive Gegenstück zu der von Adorno kritisierten Nivellierung ist die Bewahrung einer Differenz der ästhetischen und kulturellen Sphären, in der diese gleichwohl ohne Berührungsangst koexistieren können, mit einem Wort: eine Situation ihrer zugelassenen Interferenz. – Den negativen Kriterien der Manipulation und Nivellierung also entsprechen die positiven Kriterien der Ambiguität und Interferenz. Nichtrepressiv ist eine ästhetische Kultur, soweit sie diesen beiden Kriterien kultureller Freiheit entspricht.

Jetzt brauchen wir bloß noch zu wissen, *ob* eine Kultur wie die unsere ihnen entspricht. Anhand einiger Fallstudien wollen wir versuchen, Indizien für einen teilweisen Freispruch der Kulturindustrie gegenüber den Anklagepunkten der offenen Barbarei und der schleichenden Manipulation zu sammeln.

Die von uns getroffene Auswahl von Beispielen ist zufällig, aber doch nicht rein zufällig. Wir haben solche Beispiele ausgewählt, bei denen unsereiner zunächst mit einem Adorno-Reflex reagiert. Dieser Reflex tritt ein, wenn akademisch angehauchte Angehörige der im Geist der sechziger Jahre großgewordenen Generation, die zur Massenkultur ein unendlich vertrauteres Verhältnis haben als Adorno, bei einzelnen, irgendwie besonders perfiden Objekten der Massenkunst trotzdem, plötzlich, still bei sich denken: mein Gott, der alte Teddy würde sich im Grabe drehen, wenn er das sähe.

Bobby McFerrin

Oder wenn er es hörte. Das erste Beispiel ist ein musikalisches. Im Winter 1988/1989 ging ein Lied um die Welt, es eroberte den ersten Platz zahlloser Hitlisten in zahllosen Ländern, dessen Titel in schöner Direktheit den Imperativ formuliert, den die Musikindustrie an ihre Hörer richtet: *Don't worry, be happy*. Der von Bobby McFerrin dargebotene Song bringt diese Botschaft so primitiv und zugleich suggestiv heraus wie vielleicht niemals ein anderer zuvor. Primitiv ist die Melodie: nichts weiter als eine ständig wiederholte Tonfolge der Art, wie selbstgewisse Vertreter des männlichen Geschlechts sie in Momenten bewusstloser Glückseligkeit vor sich hinpfeifen. Primitiv ist der Text: nicht viel mehr als der ständig wiederholte Wenn-dann-Satz: Wenn Dich dieses oder jenes Unglück überfällt, Dir die Freundin wegläuft, Du die Miete nicht bezahlen kannst, usw.: »Don't worry, be happy.« Die Prämisse, auf die sich dieser

Schluss reimt, lautet: »In every life it has some trouble: when you worry, you make it double.« Außerdem wird empfohlen, den Syllogismus des Liedes auswendig zu lernen, wie »good little children« es tun. Unterstrichen wird die Mission des Songs durch das – naturgemäß unerfüllte – Angebot des Sängers, beim Versagen der musikalischen Kur persönlich zu haften: »I'll give you my phone number: when you worry, call me, I'll make you happy.«

Bei dieser Zeile spätestens tritt der Adorno-Reflex ein: das Glücksversprechen der Kunst, zynischer, so scheint es, lässt es sich nicht brechen. Aber es scheint nur so; denn das Versprechen wird hier gar nicht gegeben. Sicher, es wird *ausgesprochen*, darin aber, dass es völlig unverblümt, geradezu nackt ausgesprochen wird, wird es eben nicht *gegeben*. Der Text dieses Schlagers formuliert gleichsam das Satzradikal aller Schlagersätze; das Äußern dieses Radikals aber ist etwas ganz anderes als die normale Verwendung. Das Rohe der Botschaft unterläuft die frohe Botschaft. Thema dieses Songs ist nicht das Glück, sondern das Glück im Schlager. Seine primitive Form ist Ausdruck einer Distanz zur Banalität seines Inhalts. Die Suggestion und die Irritation, die von ihm ausgehen, rühren daher.

Das liegt keineswegs am puren Text allein. Auch die musikalische Struktur der Einspielung ist nicht so simpel, wie sie daherkommt. Ihre Einfachheit ist kompliziert, ja manieriert. Was sich für das arglose Ohr anhört wie eine normale Aufnahme mit einfacher Besetzung, untermalt mit etwas *hand-clapping* und dem Shubidu eines gospelerfahrenen Studiochors, ist in Wirklichkeit der Vortrag einer einzigen Stimme. Bobby McFerrin ist ein vom Jazzgesang beeinflusster Stimmen- und Instrumentenimitator, ein Stimmtonkünstler, könnte man sagen, der mit diesem seinem Instrument – und mit der Hilfe der Studiotechnik – für die gesamte Produktion verantwortlich ist. Auch musikalisch also ist der Primitivismus unseres Beispiels nur die Kehrseite eines hinterlistigen Minimalismus. Wie der Text des Lieds zugleich ein Metatext ist, ist seine Musik zugleich Metamusik: eine Musik, die von der Einfachheit handelt, die ihr auffallendstes Merkmal ist, die die einfachen Tröstungen *darstellt*, die sie dem Wortlaut und der Melodie nach zu erfüllen *verspricht*. Das Resultat ist ein authentischer Schlager: Er verlangt nicht den Glauben, die frohe Botschaft sei wahr.

Freilich dürfen wir nicht vergessen, dass diese Komposition nicht in den Studios für Neue Musik, sondern in den Hitlines aller Welt reüssiert hat. Der gefälschte Schlager funktioniert gleichwohl als Schlager – und zwar mit außergewöhnlichem Erfolg. Unsere Vermutung ist, dass dieser Erfolg nicht trotz, sondern wegen der beschriebenen Ambiguität eingetreten ist. Wäre es so, dass die Menge das Ding als Hit wie jeden anderen wahrgenommen hat, wir aber, die Intellektuellen, ein heimliches Vergnügen an der zweiten Ebene hätten: so wäre die Diagnose eines manipulativen Erzeugnisses wohl unausweichlich. Die Menge ergötzt sich an der Illusion, die Intellektuellen erfreuen sich an der Dementierung der Illusion. Es ist aber gerade diese Beschreibung, die illusionär sein dürfte. Erstens, weil auch die Intellektuellen keineswegs nur das Dementi genießen, sondern beides: die Erfüllung und das Dementi, oder genauer: die Erfüllung durch das Dementi. Zweitens, weil auch den vielen die Eigenart dieses Songs nicht entgangen sein kann: denn jeder weiß, dass die Maxime, »Don't worry, be happy«, nicht hält, was sie verspricht; allen, denen das Stück gefällt, gefällt es, obwohl sie das wissen. Nun ist der Umstand, dass der Hörer weiß, dass das Rezept nicht stimmt, aber trotzdem sein Vergnügen daran hat, eine für den Schlager (und vieles andere in der Massenkultur) durchaus übliche Situation. In unserem Fall aber *teilt* der Hörer dieses Wissen mit dem Produkt. Der Glaube an die Illusion – und auch die Fiktion dieses Glaubens – wird diesmal zum Genuss gar nicht verlangt. Dass McFerrins Lied in einem positiven Sinn nicht hält, was es verspricht, dass es unterhält und ablenkt, indem es nichts Falsches verspricht, macht seine Faszination für alle seine geneigten Hörer aus, ganz gleich, wie viele Schuljahre oder Semester sie hinter sich haben mögen. Sie erleben einen heiteren Augenblick der Freiheit vom Verlangen nach falscher Tröstung.

Rudi Carrell

Können wir unsere kulturkritische Seele im Fall McFerrin damit beruhigen, dass es sich hier um ein intelligentes Verfallsprodukt der Hochkultur handelt, so ist uns dieser Ausweg beim nächsten Beispiel versperrt. Auch der *Rudi-Carrell-Show*, die Ende der 1980er Jahre alle zwei bis drei Monate an Samstagabenden in der ARD ausgestrahlt wurde, kann man auf den ersten Blick alles erdenkliche Böse nachsagen, das man einer Fernsehunterhaltungssendung nur nachsagen kann. Die Komplizenschaft des Fernsehens mit der offiziellen Schlagermoral jedenfalls gesteht die Sendung gleich am Anfang freimütig ein. Der Entertainer betritt die Bühne und singt eine Erkennungsmelodie, die das Fernsehen in der Rolle des Glücksbringers vorstellt: »Lass dich überraschen, hier werden Wunder Wirklichkeit«, heißt es da, »hier werden Träume wahr«, hier wird dafür gesorgt, »dass deine Wünsche in Erfüllung gehen«.

Die Wünsche, die so erfüllt werden – und diesmal *werden* sie erfüllt, das Versprechen *wird* gehalten –, sind verschiedener Art. Zum einen werden konventionelle, auf das Fernsehen gerichtete Wünsche erfüllt. Das Musikprogramm der Show wird von so genannten »Imitatoren« bestritten, die mit dem Nachsingen berühmter Popsongs um die Gunst des Publikums konkurrieren. Sie werden zunächst, mit einem kurzen Filmbericht, von Rudi Carrell in ihrer Alltagswelt vorgestellt, um diese alsdann mit der Bühne ihres Live-Auftritts zu tauschen, auf der sie im ungefähren Habitus und Habitat ihrer Vorbilder den Sound des Originals zu treffen versuchen. Dabei bewährt sich die voyeuristische Mission der Sendung in dem Nachweis, dass im normalen Menschen mehr steckt, als auf den ersten Blick kenntlich ist – zumindest die Nachahmung einer *very impor-*

tant person. Dem Grundanliegen der Sendung, nämlich »zu zeigen, dass es eine ganze Menge netter Menschen gibt«, dient auch das vom Meister jedes Mal dargebotene »Rudigramm«, ein Ständchen, das der prominente Vertreter der Klasse der Prominenten besonders verdienten Normalbürgern am Schauplatz ihrer Verdienste darbietet. Eigentlich sind alle wie du und ich, so lautet die implizite Moral dieses Programmteils, nur sind einige außerdem beim Fernsehen – oder wenigstens einmal im Fernsehen zu sehen gewesen.

Freilich ist dies eine Moral der Fernsehunterhaltung generell, nicht bloß dieser Sendung. Ihr Clou liegt woanders. Die *Rudi-Carrell-Show* erfüllt nicht allein Fernsehwünsche, sondern Lebenswünsche, solche Wünsche, die selbst nicht auf das Fernsehen gerichtet sind, deren Erfüllung freilich auch in diesem Fall mit der Zugabe einer Objektivierung der eigenen Existenz im Fernsehen belohnt wird. Um diese Lebenshilfe zu gewähren, greift der Sender auf ein Heer bereitwilliger Informanten zurück, die der Redaktion – in der Rolle von Glücksspitzeln – über die mehr oder weniger heimlichen Wünsche von Familienmitgliedern oder Freunden berichten. Falls diese heimlichen Begierden jugendfrei sind und sich einigermaßen fernsehgerecht befriedigen lassen, können sich Rudi Carrell und seine namenlosen Helfer einmal mehr daran machen, das kleine Glück der großen Zahl zu mehren. – Eine Schülerin aus besserem Hause darf mit der Popgröße David Hasselhof zum Wasserskifahren an den Gardasee reisen; eine in den Skisport vernarrte Arzthelferin darf mit einem ehemaligen Trickskiweltmeister Trickski fahren; eine Gerichtspraktikantin mit dem Berufsziel Gerichtsvollzieherin darf mit echten Zirkusclowns das Clownsein üben; ein zum Bauchreden völlig Unbegabter darf von einem Berufsbauchredner lernen, was er nie können wird; ein verlegener deutscher Junge wird mit seiner galanten russischen Freundin zusammengeführt, ein andermal werden zwei Damen vereint – eine Deutsche, eine Amerikanerin –, die seit vierzig Jahren Briefpartnerinnen sind, ohne sich je begegnet zu sein; eine Hobbymalerin wird mit einer formidablen Ausstellung ihrer Werke bedacht; eine Angestellte – irgendwie scheinen Frauen für die Glücksgabe des Fernsehens empfänglicher zu sein als Männer – darf endlich einmal eine Kuh melken, die sich, wie ein freundliches Geschick es will, im Ambiente eines Feinschmeckerlokals eingefunden hat.

Besonders im letzten Beispiel wird die Dramaturgie des geplanten Zufalls deutlich, mit der die Show operiert. Die Leute sollen, wie es sich für das Glück gehört, von diesem *überrascht* werden; der Zuschauer zu Hause, der selbst keineswegs überrascht ist, denn er hat alles schon kommen sehen, soll sich am *Eintreten* der Überraschung erfreuen. Diese Operation kennt zwei Varianten. Erstens: Der allseits bekannte Showmaster sucht das allseits unbekannte Opfer (in Begleitung seines Kamerateams) urplötzlich heim, teilt den Beglückten das Faktum ihrer Beglückung mit, deren Eintreten ein anschließender Filmbericht dokumentiert. Zweitens: Unter den in ihrer überwältigenden Mehrheit unbeglückten, d. h. prinzipiell trostlos ihrem Sosein überlassenen Zuschauern der Live-Sendung finden sich wie zufällig welche, für die der Glücksbringer Fernsehen etwas hat, in dessen Genuss sie in der Regel schon während der Sendung kommen. Dabei ist es wichtig, dass es sich bei den Betroffenen zwar nicht immer, aber doch häufig zu ungespielter Überraschung kommt. Sie werden von einem Zufall überrumpelt, den alle anderen – wie auch sie selbst einen Augenblick später – als Erzeugnis vielfacher Planung erkennen. Gelegentlich tritt der Effekt einer Inszenierung echter Rührung ein, wie im Fall der beiden Damen, die sich nach vierzig Jahren endlich vor aller Augen in die Arme fallen können. Aber auch die solcherart Beglückten werden nur selten dem Glauben erliegen, das Fernsehen sei ein selbstloser Spender jener Freuden, die es schafft. Denn zur Unterhaltung der vielen will es die Freude *zeigen*, die es einigen wenigen schafft. Es tut das Gute nur, um es vor den Kameras *zum Besten* geben zu können.

Die Frage ist, wen es dabei zum Besten *hat*. Geben wir dem

Adorno-Reflex nach, müssen wir sagen: Alle, insbesondere alle Zuschauer, denen aus der medialen Teilnahme am inszenierten Vergnügen ein illusionäres Bild ihres eigenen Vergnügens entsteht. Durch die Sendung, so müssten wir sagen, werde der Anschein erzeugt, als sei allein das am Bildschirm geoffenbarte Glück das wirkliche Glück – und die Hauptsache sei, dieser Offenbarung beizuwohnen, ganz gleich, worauf sie laute. Unter dem Vorwand der Wunscherfüllung lenke das Fernsehen alle Glückserwartung auf sich selbst. Der Zuschauer, dem suggeriert werde, dem echten Leben mit seinen kleinen Freuden beizuwohnen, wohne in Wahrheit einer grandiosen Selbstinszenierung des Fernsehens bei.[1]

Diese Diagnose aber wäre höchst einseitig; in ihr wäre die dramaturgische Gebrochenheit der Sendung übersehen. Denn so schamlos sich das Fernsehen auch als Glücksbringer darstellt, so freimütig stellt es andererseits die Berechnung hinter seiner hedonistischen Dienstleistung zur Schau. Die Zuschauer wissen, dass die anfangs versprochenen Wunder arrangierte Wunder und somit trotz der eingehaltenen Wunscherfüllung gerade keine Wunder sind. Sie sind von vornherein eingeweiht in eine Inszenierung, die sich zwar nach Kräften bemüht, den gesuchten Effekt der Überraschung zu erreichen, jedoch nur, um anschließend den Mechanismus seiner Herstellung sichtbar zu machen. Jeder weiß, dass es bei der fernsehgerechten Verteilung des Glücks nicht zugeht wie im echten Leben; trotzdem stellen die Regeln des Spiels eine Versuchsanordnung bereit, die offen ist für kurzweilige Einblicke in den Eigensinn alltäglichen Glücksverlangens. Nur weil das Unechte von vornherein eingestanden ist, kann die Sendung voyeuristische Humanität immer wieder positiv erfüllen: den abseitigen Vorlieben der Leute, wie sie nun einmal sind, einen unernsten Raum zu geben. Dafür ist nicht zuletzt das Naturell des Showmasters verantwortlich. Es

1 Zum Begriff der Selbstinszenierung siehe U. Oevermann, Zur Sache, in: Adorno-Konferenz, hg. v. L. v. Friedeburg und J. Habermas. Frankfurt/M. 1983, 234-289.

ist von einem menschenfreundlichen Zynismus geprägt. Carrell biedert sich nicht an; im Gespräch hält er die Distanz, die im Unterschied der Rollen ohnehin gegeben ist, ausdrücklich aufrecht; Ironie und Selbstironie werden mit gleicher Dosis verteilt. (Wenn man an den Opportunismus und die Servilität vieler unserer politischen Reporter denkt, ist das durchaus eine Leistung.) Der Conférencier macht keine Show: Er tut nicht, als sei die Sendung etwas anderes als eine Show, die von denen lebt, die gerne in ihr auftreten, und von einigen mehr, die sich das gerne anschauen. Für die *Rudi-Carrell-Show* ist beides konstitutiv: das, was die ideologiekritische Beschreibung erfasst, und zugleich ein spielerisches Abrücken von der Beschwörung der telegenen Natur des Glücks.

Hella von Sinnen

Diese Brechung, die eine sonst eher traditionelle Unterhaltungssendung vor dem Schuldspruch der Verdummung bewahrt, wird in einer Reihe neuerer Showsendungen ausdrücklich zum Wahrzeichen erhoben. Ein Paradebeispiel ist die zu Beginn der 1990er Jahre am späteren Abend – alle vierzehn Tage samstags um zehn – von RTL plus unter dem Titel *Alles Nichts Oder* ausgestrahlte Show. Schon der Titel lässt den parodistischen Zuschnitt erkennen; hier wird all das verballhornt, was der üblichen Samstagabend-Unterhaltung lieb und teuer ist. Der Name der beiden Entertainer steht für das Programm: Die Show wird von Hella von Sinnen und Hugo Egon Balder bestritten, die ihr Pensum in gekonnter Zwietracht absolvieren. Die Aufmachung und die allein zum Schein veranstalteten Spiele (denn am Ende war alles nichts, keiner hat was gewonnen, nur die prästabilierte Niederlage der Gastgeber steht von Anfang an fest: Sie kriegen eine Ladung Torten ins Gesicht) sind abwegig und bizarr, die Gesprächsführung ist durchweg zweideutig, das geistige Niveau ist das des Blödelns, d. h. eines im Glücksfall intelligenten Verzichts auf Intelligenz.

In ihren besten Augenblicken kommt diese Sendung jenem »entfesselten Amusement« recht nahe, vom dem Adorno in der *Dialektik der Aufklärung* sagt, es »wäre nicht bloß der Gegensatz zur Kunst sondern auch das Extrem, das sie berührt«. »In manchen Revuefilmen, vor allem aber in der Groteske und in den Funnies blitzt für Augenblicke« die Möglichkeit eines »reinen Amusements« mit seinem »entspannten sich Überlassen an bunte Assoziation und glücklichen Unsinn« auf, freilich nur, um sofort »beschnitten« zu werden. »Es wird durch das Surrogat eines zusammenhängenden Sinnes gestört, den Kulturindustrie ihren Produkten beizugeben sich versteift und zugleich augenzwinkernd als Vorwand für das bloße Erscheinen der Stars mißhandelt.«[2] Diesen Vorwurf könnte Adorno Frau von Sinnen und Herrn Balder nicht machen. Denn auch das Verhältnis von Stars und Moderatoren ist hier auf den Kopf gestellt. Jene werden den absurden Launen der Letzteren geopfert, und, falls sie sich wehren sollten, von der umfangreichen Hella in Grund und Boden gelacht.

Manchmal schleicht sich in den entfesselten Unsinn sogar ein Stück dialektische Logik ein. Im Jahr 1990, als Thomas Gottschalk mit *Wetten daß ...?* einmal wieder die vorgesehene Zeit überzog, beschloss das Team der Conférenciers in gespielter Beleidigung, nicht eher anzufangen, als bis die Konkurrenz mit ihrem Getue fertig sei. Also saßen sie zusammen mit der geladenen mittleren Berühmtheit – Cleo Kretschmer – eine Viertelstunde, Erdnüsse kauend, vor dem Fernseher und taten just das, was der Zuschauer zu Hause tat: sahen zu und mokierten sich über das, was sie sahen. Sie zeigten im Fernsehen, was Fernsehen ist, und zwar im Betrachten einer Sendung, die gerade lief, als Bestandteil einer Sendung, die gerade lief. Das Prinzip fast aller guten Unterhaltung: durch Identifikation Distanz schaffen und durch Distanz Identifikation – hier war es für eine Weile vollkommen erfüllt.

2 M. Horkheimer / Th. W. Adorno, Dialektik der Aufklärung, Frankfurt/M. 1986, 150 f.

Im Alltag der Fernsehunterhaltung allerdings bleibt diese Erfüllung meistens aus. Nicht nur sind Glücksfälle wie der eben genannte sehr selten, auch die weniger radikale Gebrochenheit und Ambiguität, die an der *Rudi-Carrell-Show* sichtbar wurde, kennzeichnet bei weitem nicht das Fernsehen als solches. Mit vielen seiner Gattungen zielt es tatsächlich auf eine mehr oder weniger distanzlose Vereinnahmung des Zuschauers durch mehr oder weniger blinde Identifikation mit dem Gezeigten. Dass die Produkte einzelner Gattungen diese Regel durchbrechen können, bestätigt diese Regel nur. So lassen sich auch im Bereich der fiktiven Fernsehserien ohne Mühe Beispiele einer gebrochenen, reflektierten, differenzierenden Machart finden, wenn wir etwa an *Kir Royal* oder *Liebling Kreuzberg* denken. Der Fall jedoch, dem wir uns jetzt zuwenden wollen, ist derjenige von Fernsehserien, die sich gerade durch die Abwesenheit jener formalen Brüche und dramaturgischen Ambivalenzen auszeichnen, denen wir bis jetzt nachgegangen sind. *Dallas* und *Denver* können hierfür ebenso wie die *Schwarzwaldklinik* oder die *Lindenstraße* stehen.[3] Hier, so könnte man denken, ist die Sache klar; in diesen Serien präsentiert sich Kulturindustrie *as cultural industry can*. Der Adorno-Reflex, so könnte es scheinen, ist hier die einzig wahre Reaktion des kritischen Geistes.

Aber auch in diesem Fall wäre eine Adorno verpflichtete Anwendung der von Adorno formulierten Standards auf einem Auge blind. Sosehr nämlich die Produkte solcher Serien auf Identifikation angelegt sind – und zwar auf eine Identifikation

3 Es sind aber keineswegs nur Unterhaltungssendungen, die ihrer Form nach auf eine Vereinnahmung der Betrachter zielen. Dass gerade Nachrichten- und Magazinsendungen sich häufig darauf versteifen, die Welt in die Ordnung ihrer Dramaturgie zu bringen, somit gleichsam zu Übertragungen ihrer selbst werden, zeigt Angela Kepplers Aufsatz: A. Keppler, Das Bild vom Zuschauer, in: Sonderband 6 (Kultur und Alltag) der Zeitschrift *Soziale Welt*, 1988, 229-241.

nicht nur mit den Helden der Serie, sondern mit der einigermaßen grotesken Schematisierung der Wirklichkeit, in der diese ihre Taten vollbringen –, so wenig darf man ihren genuinen Charakter als *Serien* übersehen. Die bloße Form der Serie nämlich erzeugt Effekte, die nicht vollständig mit der Ideologie einzelner oder auch aller *Folgen* der Serie vereinbar sind. In diesem Sinn hat Umberto Eco darauf hingewiesen, dass die Fernsehunterhaltungsserien ihre Wirkungskraft gerade aus der erkennbaren Repetition bereits bekannter Elemente beziehen.[4] Die Vertrautheit der Zuschauer mit den fixen Charakteren und den im Wesentlichen gleich bleibenden Situationen erzeugt ein charakteristisches Interesse an den Möglichkeiten einer unendlichen Variation des Immergleichen. Sich in der Welt einer bestimmten Serie auszukennen heißt demnach, das nie ganz vorhersehbare Spiel aus Regel und Abweichung verfolgen zu können. Die Bindung an Handlung und Botschaft der Serie ist gleichsam gelockert durch das gleichzeitige – und für das fortdauernde Vergnügen an der Serie gleichermaßen wichtige – Interesse dafür, wie gut oder schlecht es den Machern der Serie gelingt, den Knoten der Handlung zu lösen bzw. aufs Neue zu schürzen. Ohne dieses Interesse an der Form der Serie – und das bedeutet: ohne diesen Blick für ihre Besonderheit als Serie im Unterschied zur dramaturgischen Armut des wirklichen Lebens – gibt es kein Interesse an der fiktiven Wirklichkeit der Serie. Wer Serien anschaut, schaut eben nicht einen endlosen Film an, dem er mit zunehmender Dauer auf den Leim geht, er schaut eine Serie von Filmen an, die er immer wieder im Kontrast zu den vorangegangenen Folgen als auch zur eigenen Wirklichkeit erlebt. Deswegen ist es falsch, zu meinen, in der »Vermischung« von eigener Welt und Fernsehwelt liege der primäre Reiz für die Zuschauer von fiktiven Fernsehserien. Die Zuschauer sind sich der Konstruiertheit der Welt der »Ewings« und »Guldenburgs« durchaus bewusst, sie wollen *nicht*, wie

4 U. Eco, Streit der Interpretationen, Konstanz, 1987.

immer wieder behauptet wird, die Grenze zwischen der Sendung und ihrem Alltag vergessen, sie wollen – bei aller (ihrerseits unsteten, nur auf Abruf gewährten) Identifikation mit einzelnen Figuren – eher die Differenz dieser beiden »Welten« erleben.

Dass bei stereotypen und eindimensionalen Produkten der Kulturindustrie wie den genannten Fernsehserien eine distanzierte Aufnahme nicht allein (unter den Gebildeten) möglich, sondern auch (im Volk) verbreitet ist, lässt sich empirisch recht gut belegen. Die kulturpessimistisch beklagte oder postmodern bejubelte »Vermischung der Realitäten« findet weit weniger statt, als viele Kritiker dies vermuten – und die Vermarktungsindustrie es gerne hätte. Diese setzt nämlich ebenso wie die Medienwissenschaftler darauf, dass die Zuschauer keinen Unterschied zwischen den Serienfiguren und ihren Darstellern machen. Da wirbt nicht nur »Oberschwester Hildegard« selbst in den seriösesten Apotheken für ein Blutdruckmessgerät, auch Klaus-Jürgen Wussow, der Darsteller des Professor Brinkmann, lässt sich im Arztkittel abbilden, um ein Buch mit Lebensweisheiten und Gedichten zu vertreiben. Als Beleg für den Erfolg dieser durchaus intendierten Realitätsvermischung wird in der Literatur nicht selten der Tourismus zu den Seriendrehorten genannt. Dass die Leute zahlreich dahin pilgern, wo die Fabrikation der Fiktionen stattfindet, soll als Beleg für die Fiktionsvergessenheit der Leute dienen. Und tatsächlich lassen sich am Drehort der *Schwarzwaldklinik* einige Anzeichen der Vermengung von Fiktion und Wirklichkeit finden. In der Nähe einer Kurklinik der baden-württembergischen Landesversicherungsanstalt, auf deren Gelände die Scheinwelt des Professor Brinkmann hergestellt wurde, deutet der im Fernsehen verwendete Schriftzug »Schwarzwaldklinik« auf die für Besucher vorgesehenen Parkplätze hin; und auch für das ontologische Problem der Negation fiktiver Entitäten gibt es hier schöne Beispiele, etwa wenn es auf Schildern heißt: »Hier kein Durchgang zur Schwarzwaldklinik«.

Trotz dieser pragmatischen Überlagerungen aber lassen die Gespräche, die von Besuchern dieses quasi-realen Schauplatzes geführt werden, keine Vermischung von Fernseh- und Alltagswirklichkeit erkennen. Es wird vielmehr ein ironischer Umgang mit den Serienhelden gepflegt. So kommt es zu komischen Reaktionen, wenn die Handlungen eines Filmdarstellers kommentiert werden, als wären es solche der Serienfigur – wobei das Lachen nichts anderes ist als das wechselseitig kundgegebene Wissen um die entscheidende Differenz. Andere Unterhaltungen dagegen, die beim Anblick der LVA-Klinik und ihrer Umgebung geführt wurden, thematisieren die Machart der Serie. Es wird erörtert, wie die Produzenten den vom Fernsehen vertrauten Eindruck hinbekommen, der vom faktischen Aussehen der Szene so offensichtlich abweicht. Es wird erörtert, wie und wo sich die *Figuren* des Films im Unterschied zu dem *Personal* bewegen, das die Stätte im Alltag bevölkert. Die Pilger zum Ort des schönen Scheins interessieren sich vor Ort gerade für den Unterschied zwischen der Realität und dem Schein.

Dieser Umweg über die Wirklichkeit ist freilich keineswegs nötig, um sich ein Bewusstsein des Abstands zwischen seriellem Schein und alltäglichem Sein zu bewahren. In den Gesprächen, die Anhänger bestimmter Serien über diese führen, gehen Bemerkungen zu formalen Eigenschaften oder über die Qualität von Schauspielern oft in einem Atemzug mit solchen über bestimmte Serienereignisse zusammen. Eine Verwechslung fiktiver Figuren mit realen Personen findet bei den meisten Zuschauern nicht statt. Ausgerechnet die Vermischung von *Realität und Wirklichkeit*, die doch denen, die ihr angeblich erlegen sind, gerade nicht auffallen dürfte, kann ein wichtiges Thema alltäglicher Unterhaltungen über die massenmediale Unterhaltung sein.

So ist es jedenfalls in den beiden folgenden Gesprächsausschnitten, in denen ein *Lindenstraßen*-Fan über sein Interesse an der Serie räsoniert. Gefragt, ob er in der Serie Lieblingsfiguren habe, lautet die Antwort: »Die Frau vom Benno. Zum einen liegt es an der Rolle. Ich finde, sie ist mit Sicherheit eine von den besseren Schauspielerinnen. Nossek war auch eine Lieblingsfigur von mir, was weniger an der Rolle lag, die ist ja ziemlich negativ besetzt gewesen, sondern auch, weil er ein ziemlich guter Schauspieler ist. Und von den Familien natürlich die Beimers, mit Abstand. Das ist einfach die klassisch durchschnittliche Familie, das konnte ich gut nachvollziehen; so läuft's ab.« Das Interesse für die fingierte Wirklichkeit der Serie wird von einem Interesse für die Künstlichkeit des Fingierens – und sogar für das Spiel zwischen beiden Elementen – begleitet. »Natürlich gibt es einen Inhalt. Ich frage mich, warum gucke ich dieses Ding an. Es sind nur zum Teil – und ich weiß nicht, ob fast zum geringeren Teil – die Inhalte. Es ist einfach verblüffend, was die wieder für neue Sachen durchziehn ... Du kriegst als normaler Fernsehkonsument zum ersten Mal die Vermischung von realer und fiktiver Wirklichkeit mit, einfach wenn du siehst, wie die Kinder, die dort mitspielen, älter und größer werden. Das hat nicht nur mit der fiktiven Wirklichkeit zu tun, sondern auch mit der realen, weil das Jahre geht.«

Das Leben mit einer Serie, wie sehr diese auch auf den Anschein der Nähe zum wirklichen Leben angelegt sei, so zeigt sich an diesem einen Beispiel, das für viele andere steht, ist ein Leben mit der Spannung zwischen Leben und Serie.

Folgerungen

Solange diese Spannung zu den Erzeugnissen der Massenkultur auch dort besteht, wo sie nicht in ihren Produkten selbst angelegt ist, und solange sie außerdem als Spannung zwischen Vereinnahmung und Distanzierung in vielen ihrer Produkte besteht, gibt es keinen Grund, das Vergnügen, das sie vielen bereiten, im Stil der *Dialektik der Aufklärung* als »Massenbetrug«

zu qualifizieren. Die Tendenzen der Vereinnahmung und Verblendung, die ihnen durchaus innewohnen, beherrschen das Fernsehen und die übrigen Massenmedien nicht im Ganzen. In vielen ihrer ästhetischen Formen eröffnet die Massenkultur einen Spielraum gegenüber den verengenden Schematisierungen, mit denen sie operiert. Wo sie diesen Spielraum zulässt oder ihn ausdrücklich schafft, ist nicht eine verhängnisvolle Dialektik der Aufklärung, sondern eine durchaus gedeihliche »Dialektik der Unterhaltung« in Kraft, die vom Pendelschlag zwischen Verengung und Durchbrechung der Verengung lebt. Es ist geradezu die Definition einer nicht-repressiven populären Kultur, zusammen mit den Klischees, die sie unweigerlich erzeugt, auch eine Freiheit von ihnen – oder wenigstens eine temporäre Distanz zu ihnen – zu erzeugen.

Damit ist eine Idee von Unterhaltung gewonnen, die zu demokratischen Gesellschaften »passt«, ganz gleich übrigens, in welchem Maß sich dieses Unterhaltensein aus industriellen oder informellen Quellen speist. Unterhaltung, soweit sie dem Kriterium eines nicht-manipulativen Zeitvertreibs entspricht, ist Teil einer Kultur des zugelassenen Widerspruchs oder kurz: Teil einer nicht-integrativen Kultur. Der Spielraum, den sie trotz ihrer Tendenz zur Verengung und Vereinfachung gewährt, ist ein Spielraum individueller Autonomie. Formen des Zeitvertreibs, die diesen Spielraum nutzen, sind nicht allein negativ auf das Vergessen der übrigen Zeit gerichtet, sie vollziehen sich in der Aufnahme von Produkten, die ein Widerspiel zur eigenen Ansicht und Erfahrung sind.

Dem negativen Kriterium der Manipulation des Publikums durch das massenmediale Angebot, so hatte es anfangs geheißen, entspricht das positive der Ambiguität der entsprechenden Produkte. Da viele dieser Produkte das positive Kriterium (wenn auch mehr oder weniger eindeutig) erfüllen, ist die Diagnose einer insgesamt totalitären Tendenz der westlichen ästhetischen Kulturen falsch. Dennoch bleibt die Frage offen, wie es mit dem anderen von Adorno übernommenen Kriterium der Nivellierung bzw. Interferenz der ästhetischen Sphären steht. Obwohl unsere Betrachtungen diesen Punkt nur am Rande berührt haben, lässt sich auch hier eine klare Antwort geben. Denn ein entscheidender Rückhalt der positiven Gebrochenheit vieler Formen der Gebrauchskunst und Unterhaltung, vieler Formen auch der sonstigen Stilisierung des Lebens, ist gerade deren Koexistenz und Interferenz – kurzum: der zugelassene Widerspruch unvereinbarer ästhetischer Sphären. Der bewahrte *Kontrast* zwischen kommensurabler und inkommensurabler ästhetischer Produktion ist es, der eine befreiende *Interaktion* zwischen der so genannten hohen und der so genannten niederen Kunst überhaupt erst möglich macht. Die Ambiguität der populären Kultur lebt vielfach vom Extremismus der elitären, ebenso wie diese vielfach aus der Formensprache der populären schöpft. Daher muss die kulturtheoretische Kehrseite einer Apologie des Populären eine Apologie des Elitären sein: eine Verteidigung jener Kunstformen, die nicht allen zugänglich sind, eine Verteidigung derjenigen Kultur, die nicht auf Ablenkung sinnt, eine Verteidigung von Produkten, die uns in eine *radikale* Distanz zu unserem Selbstverständnis setzen. Der mehr oder weniger elitären Kunst kommt hierin die Rolle eines demokratischen Gegengewichts zu, gerade weil sie nicht demokratisierbar ist. Denn eine demokratische, eine nicht-integrative oder, wie Marcuse gesagt hätte, nicht-affirmative Kultur lebt in allen ihren Dimensionen von der Möglichkeit, zu sich selbst in Distanz zu gehen.

Darin liegt ein überraschendes Resultat: Die Neuinterpretation der elitären Standards, nach denen Adorno die moderne Zivilisation beurteilt hat, führt auf ein Kriterium, das rigorose Kunst und populäre Kultur übergreift. Es ist ein Kriterium der zu bewahrenden Nicht-Identität, das sich durch alle unsere Betrachtungen hindurchgezogen hat, im Anklang an Brecht oder Bourdieu ließe sich auch sagen: ein Kriterium der Verfremdung oder des Widerstreits innerhalb der kulturellen Praxis, das die Pointe demokratischer Verhältnisse benennt. Was sich in diesem Widerspiel sowohl *in* den kulturellen Erzeugnissen als auch *zwischen* ihnen realisiert, ist ein Zustand kultureller Freiheit.

Diese normative Kontinuität lässt sich jedoch nur unter strenger Beachtung der soeben verteidigten Diskontinuität der ästhetischen Sphären behaupten. Denn dem als »Dialektik der Unterhaltung« beschriebenen Ausbruch aus der Vereinfachung entspricht aufseiten der Kunst, was man Ausbruch aus der Verständigung nennen könnte. Kunst im strengen Sinn lässt in hohem Maß nicht-kommunikative Artikulationsformen entstehen; ihr geht es um eine komplexe Konfrontation mit unseren Gewohnheiten, Erfahrungen, Orientierungen, die nur um den Preis eines Bruchs mit dem Selbstverständlichen und Kommensurablen gelingen kann. Insofern ist die Kunst, ganz wie Adorno meint, negativ, eben weil sie auf keinem verlässlichen Vorverständnis beruht; und insofern ist die Massenkultur affirmativ, eben weil sie auf dem Bekannten und Verständlichen ruht, wie immer sie es auch verlässt und verdreht. Aber weder ist jenes Negative generell eine utopische Negation des Bestehenden, noch ist dieses Affirmative generell eine pauschale Bejahung der Welt, wie sie ist. Im Gegenteil, ihr Zusammenbestehen ist ein Herzstück einer ästhetischen und politischen Kultur der zugelassenen Distanz zu sich selbst.

7. Dialektik des Erhabenen
Kommentare zur »ästhetischen Barbarei heute«

> »Wer in der Kritik des Common sense so weit geht wie ich, muß die einfache Forderung erfüllen, daß er Common sense hat.«
>
> Theodor W. Adorno

Wenn Max Horkheimer und Theodor W. Adorno an einer Stelle ihrer 1944 beendeten *Dialektik der Aufklärung* »hierzulande« sagen, so meinen sie damit die Vereinigten Staaten von Amerika, in denen sie als Emigranten leben und von denen aus sie zu erkennen versuchen, welches Schicksal Europa, wohin sie zurückkehren werden, nach der Niederschlagung des Faschismus erwartet.[1] Ein Vierteljahrhundert später bekräftigt Adorno, gerne bekennend, »daß ich, vom ersten bis zum letzten Tag, mich als Europäer empfand«, rückblickend das Gewicht seiner »amerikanischen Erfahrung«: »Kaum ist es übertrieben, daß ein jegliches Bewußtsein heute etwas Reaktionäres hat, das nicht, sei es auch mit Widerstand, jene Erfahrung sich wahrhaft zugeeignet hätte.«[2]

»Aus Amerika, wo das Buch geschrieben ist« (DA IX) – unter besonderer Berücksichtigung der Ikonographie der USA möchte ich die Diagnose der *Dialektik der Aufklärung* kommentieren. Dabei werde ich an den Stellen ansetzen, an denen die Autoren ausdrücklich über das Land sprechen, das sie zur Versuchsstation ihrer globalen Analyse machen. Das sind vor allem das Kapitel über die Kulturindustrie und einige der

1 M. Horkheimer / Th. W. Adorno, Dialektik der Aufklärung. Philosophische Fragmente (DA), Frankfurt/M. 1986, 220.

2 Th. W. Adorno, Wissenschaftliche Erfahrung in Amerika, in: ders., Stichworte. Kritische Modelle 2, Frankfurt/M. 1969, 113ff., 113 u. 147f.

nachgeordneten Aufzeichnungen. In diesen Passagen erscheint das Buch als eine sei es an ästhetischen Paradigmen entwickelte, sei es mit ästhetischer Methodik operierende Kritik der amerikanischen Moderne. Dabei ist die Diagnose der »ästhetischen Barbarei heute« (DA 139), die die Autoren dem US-amerikanischen Alltag ausstellen, nicht durchweg ästhetisch begründet; sie erscheint lediglich als das neben dem Antisemitismus offenkundigste Symptom jener allgemeinen Barbarei, auf die eine Gesellschaft hinsteuert, in der die zur Ideologie der Naturbeherrschung versteinerte Aufklärung zum Maß aller Rationalität geworden ist (vgl. DA 26). Mein Interesse gilt hier weniger der Anlage der Argumente, mit denen die Kritik dieser Aufklärung durchgeführt wird, es gilt vor allem der *Aktualität der Erfahrung*, aus der Horkheimer und Adorno das Bild einer »Entwicklung zur totalen Integration« zeichnen, von der das Vorwort zur Neuausgabe von 1969 einschränkend sagt, sie sei »unterbrochen, nicht abgebrochen« (DA IX).

Ich möchte zeigen, dass und warum diese Erfahrung unwiederholbar ist. Ich werde dies tun, indem ich versuche, die Erfahrung zum Sprechen zu bringen, die es ermöglicht, das Beste der *Dialektik der Aufklärung*, die Kritik der integralen Kultur, für die Gegenwart zu reformulieren.

Aura, Europa, Amerika

»Mit der Flucht aus dem Alltag, welche die gesamte Kulturindustrie in allen ihren Zweigen zu besorgen verspricht, ist es bestellt wie mit der Entführung der Tochter im amerikanischen Witzblatt: Der Vater selbst hält im Dunkeln die Leiter. Kulturindustrie bietet als Paradies denselben Alltag wieder an.« (DA 150) Die bereits klassischen Verdikte, mit denen sich das Kulturindustrie-Kapitel der *Dialektik der Aufklärung* immer wieder in ein tiradenhaftes Reden steigert, können nicht – und wollen wohl gar nicht – über die Faszination hinwegtäuschen, die die massenmediale Kultur auf ihre furiosen Kritiker ausgeübt hat. Selbst beim Lesen der Comics ist die Lust am Kritisierten eine Bedingung der immanenten Kritik. In ihrer Witterung für den »glücklichen Unsinn«, der noch in den schwachsinnigsten Programmen lauert (DA 151), in ihrer Bewunderung für die Virtuosität, mit der Radio und Film den Grundtypus ihrer Darbietung je nach Anforderung variieren, zeigen sich Horkheimer und Adorno für die Neuartigkeit der amerikanischen Produktionen durchaus empfänglich. »Die stereotype Übersetzung von allem, selbst dem noch gar nicht Gedachten ins Schema der mechanischen Reproduzierbarkeit übertrifft die Strenge und Geltung jedes wirklichen Stils, mit dessen Begriff die Bildungsfreunde die vorkapitalistische Vergangenheit als organische verklären.« (DA 135) Die Kulturindustrie beutet das Ideal des Organischen aus, das sie in ihrer Verfahrensweise tagtäglich sabotiert. Wäre dabei der Drang zur synthetischen Verwischung der Spuren des Künstlichen nicht so mächtig, wäre die destruktive Seite dieses Vorgangs eine höchst respektable, in der Konsequenz sogar konstruktive Leistung. »Der Zwang des technisch bedingten Idioms, das die Stars und Direktoren als Natur reproduzieren müssen, bezieht sich auf so feine Nuancen, daß sie fast die Subtilität der Mittel eines Werks der Avantgarde erreichen, durch die es im Gegensatz zu jenen der Wahrheit dient.« (DA 157) Kein Zweifel: »Die Produzenten sind Experten.« (Ebd.)

Der Blick für dieses Expertentum ist deutlich an Benjamins Aufsatz *Das Kunstwerk im Zeitalter seiner technischen Reproduzierbarkeit* geschult. Ersichtlich wird diese Schulung vor allem dann, wenn man den von Benjamin in dieser Studie hypothetisch errichteten Oppositionen – auratische oder nichtauratische Kunst, Ritual oder Politik als deren Fundierung, Aufgehen im Werk oder In-sich-Aufnehmen des Werks als Modi der Rezeption, Konzentration oder Zerstreuung als die entsprechenden Stimmungen usw. – nicht auf den Leim geht, indem man sie für Optionen hält, die von Benjamin alternativ zur

Entscheidung gebracht würden. Die *Dialektik der Aufklärung* folgt Benjamins Linie zwischen Fortschrittsfurcht und Fortschrittshoffnung nach. Sie setzt den methodischen und politischen Ansatz des späten Benjamin ohne das experimentelle Benjamin'sche Zaudern fort. Und so wenig wie die Reproduzierbarkeits-Studie ist auch das Kulturindustrie-Kapitel speziell ein Beitrag zur Ästhetik. Beide handeln am Beispiel der ästhetischen Praxis von epochalen Veränderungen der alltäglichen Praxis. So ist der Befund über den Verfall der Aura in erster Linie die These eines mit dem Eintritt in die Moderne sich überstürzenden Umbruchs der lebensweltlichen Erfahrung – eines Umsturzes »der gesamten Daseinsweise der menschlichen Kollektiva«.[3] Von diesem Umsturz sind Kunst und Kunstwahrnehmung nicht nur mitbetroffen, sie wirken an ihm mit, und oft reagieren sie am erkennbarsten auf ihn. Deshalb sind die ästhetischen Paradigmen für Benjamin so ergiebig. Das gilt erst recht da, wo das Auftreten der industriellen Reproduktionsmechanismen den längst in Gang befindlichen Prozess der Statusänderung ästhetischer Produktion und Erfahrung noch erheblich verschärft.

Vor diesem Hintergrund erscheint der Verfall der Aura als ein strikt ambivalenter Vorgang. Soweit mit ihm das Muster der traditionalen Integration, der rituellen Befangenheit noch der bürgerlichen Konventionen, durchbrochen wird, ist der Verlust der Aura ein Indikator der Befreiung. Soweit aber mit der modernen Temporalisierung und Atomisierung der Lebensverhältnisse auch das Vermögen der kollektiven und individuellen Vergegenwärtigung des geschichtlichen »Bildraums« der Gegenwart schwindet, ist der Verfall der Aura Index für einen dramatischen Verlust. Beides, mögliche Befreiung und drohende Verarmung, vollzieht sich in einem Prozess, aus dem Benjamin mal eher den einen, mal eher den anderen Aspekt

3 W. Benjamin, Das Kunstwerk im Zeitalter seiner mechanischen Reproduzierbarkeit, in: ders., Gesammelte Schriften, hg. v. R. Tiedemann und H. Schweppenhäuser, Frankfurt/M. 1972ff., Bd. I.2, 431-469, 478.

hervorhebt. Immer geht es Benjamin dabei um das Aufspüren von Praxisformen, die sich in freier Korrespondenz mit den Traditionen und Situationen ihres Vollzugs organisieren – Verhaltensweisen, die Benjamin unter den Titeln der surrealistischen Erfahrung, der Aufmerksamkeit, des unwillkürlichen Eingedenkens thematisiert. Von Anbeginn an ist Benjamins Werk die verzweifelte Suche nach Potentialen der Erfahrung, die eine Alternative zur verhängnisvollen Alternative zwischen repetitiver Erfahrung und reaktivem Erlebnis erkennbar werden lassen.[4]

Dieser Alternative sind Horkheimer und Adorno in Gestalt der Kulturindustrie begegnet. So jedenfalls haben sie es erfahren. Fast lässt sich sagen, sie haben die USA als Inkarnation einer solchen Alternative erfahren. Aber es war die falsche, es war die negative Inkarnation, die den Emigranten weit erschreckender erschien als die aus dem vorfaschistischen Europa vertraute Polarität. Die *Dialektik der Aufklärung* ist das Ergebnis dieses Erschreckens. Fast ungläubig stellen die Autoren fest, dass die auf dem alten Kontinent vordem noch konkurrierenden Tendenzen der traditionssüchtigen Restauration und der positivistischen Reduktion in der industrialisierten Kultur nahezu restlos ineinander aufgehoben sind. Die Überwindung der zusammengeführten Strömungen aber ist ausgeblieben. In ihrer puren Integration erschöpft sich die ganze Transformation. Minus mal minus bleibt minus: Bevor das ein Theorem der negativen Dialektik wurde, war das der Schock der amerikanischen Erfahrung.

Aus dieser Situation wird verständlich, warum Horkheimer und Adorno die nordamerikanische Kultur in vielen Zügen nur als das hochkapitalistische, im Grunde raffiniertere Kom-

4 Vgl. den 1913 geschriebenen Text »Erfahrung« in: W. Benjamin, Gesammelte Schriften, hg. v. R. Tiedemann und H. Schweppenhäuser, Frankfurt/M. 1972 ff., Bd. 2.1, 54-56, die Anmerkungen der Herausgeber, ebd., Bd. 2.3, 902, und den Brief an Adorno vom 7.5.1940, in: W. Benjamin, Briefe, hg. v. Th. W. Adorno u. G. Scholem, Frankfurt/M. 1978, Bd. 2, 848 f.

plement der nationalsozialistischen Gleichschaltung angesehen haben.[5] Ob im Geist der mythischen Aktualisierung oder der pragmatischen Indienstnahme – in beiden Fällen wird mit den technischen Mitteln einer Verschleierung des Technischen die *Wiederbelebung* des auratischen Prinzips betrieben und damit das Entscheidende, die rettende *Transformation* der auratischen Erfahrung, vielleicht für immer verhindert. Am Zustand der Sprache lesen die Autoren die Stilllegung der sanften Motorik eingreifender Erfahrungen ab. »Die Schicht der Erfahrung, welche die Worte zu denen der Menschen machte, die sie sprachen, ist abgegraben, und in der prompten Aneignung nimmt die Sprache jene Kälte an, die ihr bislang nur an Litfaßsäulen und im Annoncenteil der Zeitungen eigen war.« (DA 175) Unter dem Zeichen der Kulturindustrie wird die Befreiung aus dem Ritual, für die der Begriff der weltoffenen und weltgeladenen Erfahrung hier steht, selbst zum Ritual. Diesen Zustand hat Adorno im Rückblick auf die Analyse der *Dialektik der Aufklärung* in ein prägnantes Bild gebracht: »Nimmt man Benjamins Bestimmung des traditionellen Kunstwerks durch die Aura, die Gegenwart eines nicht Gegenwärtigen auf, dann ist die Kulturindustrie dadurch definiert, daß sie dem auratischen Prinzip nicht ein Anderes strikt entgegensetzt, sondern die verwesende Aura konserviert.«[6]

Die Spur des Besseren

In der für das Kapitel über Kulturindustrie zentralen Erörterung des Verhältnisses von Kunst und Amüsement lassen Horkheimer und Adorno erkennen, dass sie selbst weder der alten Aura noch ihrer massenmedialen Verkitschung solch ein

5 Vgl. A. Honneth, Kritik der Macht, Frankfurt/M. 1985, 46 ff. u. 91 ff.

6 Th. W. Adorno, Résumé über die Kulturindustrie, in: ders., Ohne Leitbild, Frankfurt/M. 1967, 60 ff., 64.

anderes strikt entgegenzusetzen haben.[7] »Die Spaltung selbst ist die Wahrheit: Sie spricht zumindest die Negativität der Kultur aus, zu der die Sphären sich addieren. Der Gegensatz läßt am wenigsten sich versöhnen, indem man die leichte in die ernste aufnimmt oder umgekehrt. Das aber versucht die Kulturindustrie.« (DA 143f.) Dieses Argument wiederholt eine Grundfigur der gesamten *Dialektik der Aufklärung*. Im Namen der unvorstellbaren richtigen Versöhnung wird die falsche Versöhnung durch die eingeklammerte Bejahung der schmerzlichen Entzweiung bekämpft. »Nicht das Gute sondern das Schlechte ist der Gegenstand der Theorie.« (DA 229) Jedoch kann das Schlechte als Schlechtes nur gebrandmarkt werden, wenn zumindest etwas weniger Schlechtes da ist, vor dem sich jenes als das ganz Schlechte erweist. Dass die Signaturen des weniger Schlechten, dass die in der Kulturkritik von Schopenhauer bis Nietzsche und Klages aufgebauschten und von Horkheimer und Adorno recht ungerührt in Dienst genommenen Dichotomien und Oppositionen Natur – Geist, Geist – Leben, Leben – Kunst wie auch diejenige zwischen kognitiver Kunst und amusischer Unterhaltung tatsächlich schlecht, nämlich Wundmal einer tiefen Entfremdung sind, daran lassen die Autoren keinen Zweifel.[8] Und doch müssen sie diese begrifflichen Verfälschungen zusammen mit der falschen Wirklichkeit, die sich in ihnen spiegelt, in polemischer Absicht bejahen, da sie in ihnen wenigstens eine negative Allegorie des richtigen Lebens zu lesen meinen. Die falschen Alternativen *in* der Welt sind ihnen der letzte Garant der utopischen Alternative *zur* bestehenden Welt. Darum besteht der Text gegenüber der »Synthese aus

7 Nicht von ungefähr – im Übrigen aus guten Gründen – laufen Adornos häufige Stellungnahmen zur künstlerischen Aura bis in die *Ästhetische Theorie* auf ein stetes Ja-Aber hinaus: vgl. Th. W. Adorno, Ästhetische Theorie, Frankfurt/M. 1973, z. B. 73, 89, 460 f.

8 Zum lebensphilosophischen Einfluss auf Adorno/Horkheimer und Benjamin vgl. A. Honneth, a. a. O., 54, u. R. Wiggershaus, Die Frankfurter Schule, München 1986, 224 f. u. 234.

Beethoven und Casino de Paris« (DA 143) auf der strikten Trennung der kulturellen Sphären. »Die Spur des Besseren bewahrt die Kulturindustrie in den Zügen, die sie dem Zirkus annähern, der eigensinnig-sinnverlassenen Könnerschaft von Reitern, Akrobaten und Clowns, der ›Verteidigung und Rechtfertigung körperlicher Kunst gegenüber geistiger Kunst‹.«[9]

So gewiss der Gegensatz von Beckett zu André Heller besser ist als die Verbindung des »Jazzführers« Benny Goodman mit dem Budapester Streichquartett (vgl. DA 144), so gewiss ist die heimelige Berufung auf den Zirkus, das Feuerwerk und dergleichen eine ohnmächtige Geste gegenüber der Verquickungstendenz der ästhetischen Industrien. Wenn es hart auf hart geht, argumentieren Horkheimer und Adorno im Namen der fernen Befreiung restaurativ. Sie verfallen in einen Purismus der ästhetischen Funktionen. Die kognitive Dignität der hohen Kunst muss von den anderen – animativ-unterhaltenden, dekorativ-erfreuenden, kulinarisch-genussspendenden, kontemplativ-absorbierenden, kommunikativ-belebenden – Daseinsformen des Ästhetischen weitgehend freigehalten werden, damit die höchstartikulierten Werke ihren Dienst als Statthalter eines anderen Zustands wahrnehmen können, in der das hier und heute zu Trennende wieder frei koexistieren dürfte. Nun ist es aber ebendiese Trennung der Sphären, mit der die Kulturindustrie aufgeräumt hat. An nicht wenigen Stellen der *Dialektik der Aufklärung* wird deutlich, dass sich auch die dialektischen Kritiker nicht vor dem Gedanken verschließen können, dass die Massenkultur die hergebrachten Hierarchien durchaus mit Recht desavouiert. »Amüsement, ganz entfesselt, wäre nicht bloß der Gegensatz der Kunst, sondern auch das Extrem, das sie berührt. Die Mark Twainsche Absurdität, mit der die amerikanische Kulturindustrie zuweilen liebäugelt, könnte ein Korrektiv der Kunst bedeuten.« (DA 150) Und doch bleibt auch hier die eherne Norm der Kunst intakt, die zum ge-

9 DA 151; das Zitat im Zitat stammt von Wedekind.

schichtsphilosophischen Maßstab der Kultur erhoben wird. Nicht erscheint die Kunst als ein Korrektiv der bestehenden Kultur, »sinnverlassene« Reste der bestehenden Kultur finden ihr Recht in der Bestärkung der utopischen Mission der Kunst. Der utopische Rigorismus legt die Kritik auf den Wertkanon der zugegebenermaßen unhaltbaren Dichotomien fest. In dieser paradoxen Lage zieht sich insbesondere Adorno auf die ins Exil mitgebrachten kunstästhetischen Normen zurück, um diese, virtuos wie die bekämpfte Industrie, mit düsterem Enthusiasmus und schwarzem Humor auf sämtliche Phänomene der neuen Umgebung zu applizieren. Die Suche nach Gegenerfahrung wird oft vorschnell aufgegeben, weil es in der fremden neuen Welt, der Vernichtung entronnen, zur These wird, dass es sie kaum gebe. Erst in einem späteren Text macht Adorno sich klar, dass das nicht wahr sein kann, ja dass es nicht wahr sein darf, wenn die Kritik der Kulturindustrie Geltung haben soll. »Will sie die Massen ergreifen, so gerät selbst die Ideologie der Kulturindustrie in sich so antagonistisch wie die Gesellschaft, auf die sie es abgesehen hat. Sie enthält das Gegengift ihrer eigenen Lüge. Auf nichts anderes wäre zu ihrer Rettung zu verweisen.«[10] Diesem Anspruch, der Konjunktiv deutet es an, hält das Kapitel über die Kulturindustrie nicht stand. Es kann die nicht-puristische, in den Diskrepanzen der vielfunktionalen ästhetischen Landschaft einsetzende Kritik der kulturindustriellen Nivellierung nicht bieten, auf deren Kredit es mit fast jedem seiner Sätze lebt. Es kann sie nicht bieten, weil der Gehalt der Erfahrung, den der Text einzigartig dokumentiert, dem Erfordernis der Theorie reflexhaft widerspricht. Diesem Reflex wollen die folgenden Betrachtungen widersprechen.

10 Th. W. Adorno, Filmtransparente, in: ders., Ohne Leitbild, a. a. O., 79 ff., 83.

Ich beginne diese Erkundung der ästhetischen Landschaft der USA mit einer Reise durch Landschaften. »Auf der vernünftig gewordenen Erde«, schreiben Horkheimer und Adorno, »ist die Notwendigkeit der ästhetischen Spiegelung weggefallen.« (DA 268) Das ist kein schlechtes Kriterium für das Erliegen der Vernunft im Rausch ihrer Vollendung, aber es gibt wohl nur wenige von Menschen bewohnte Erdstriche, in denen es annähernd erfüllt wäre. Mag das Widerspiel von Kunst und Kultur im Fernsehen lahm zu legen sein, die Natur der Landschaft, die kein Bildschirm erfassen kann und der nur ganz wenige Filme haben antworten können, hat sich der Einhegung bis jetzt widersetzt. Der Zerstörung der organischen Natur zum Trotz lässt sich das nicht entfernbare Draußen so schnell nicht von drinnen absorbieren, sosehr es sich auch, wo es die Male der Zivilisation offen trägt, vom Ideal einer das urbane Lebensgefühl besänftigenden Kulturlandschaft entfernt haben mag. Für die europäische Anschauung eine offenbar schwere Lektion. In einer Sammlung von Gesprächen mit Emigranten aus Deutschland, die wie Horkheimer und Adorno die »amerikanische Erfahrung« zu vollziehen hatten, gibt der Herausgeber Mathias Greffrath eine bemerkenswerte Reaktion zu Protokoll: »Es hat mich unterwegs einige Male sprachlos gemacht, etwa, wenn Leo Löwenthal zum Lobe Amerikas ansetzte oder Ernest Manheim mir auf einem Hügel in Kansas City das Missourital zeigte – Schlachthöfe, Verschiebebahnhöfe und Wolkenkratzer – und es schön fand. Er hatte in Budapest gelebt, in Leipzig, in Berlin und London. Und nun das!«[11] Der im Mischklima aus politischem Antiamerikanismus und subkulturellem Amerikanismus heimische Autor kann es nicht fassen, dass sich ein Angehöriger der vorläufig letzten gesamteuropäischen Intellektuellengeneration für das expansive Formenchaos ei-

11 M. Greffrath, Die Zerstörung einer Zukunft. Gespräche mit emigrierten Sozialwissenschaftlern, Reinbek 1979, 10.

ner amerikanischen Industrielandschaft begeistern kann. Fast scheint der Jüngere geneigt, das industriegezeichnete Missouriital für den Entlaubungsregen und die Napalmbomben zur Rechenschaft zu ziehen, die aus amerikanischer Produktion im Fernen Osten niedergegangen sind. Einer Wahrnehmung, die gelernt hat, es sei die Wirklichkeit in die Funktionale gerutscht, ergibt sich über den Dächern von Kansas City nur wieder das brutale Grau der Funktionalen. Die unbefangene Augenlust des Emigranten, der dasselbe Wissen und etwas mehr gesehen hat, erscheint demgegenüber als Verrat am Versprechen des Scheins, nichts zu sein, was nicht bloß Vorschein aufs Minimal-und-doch-ganz-Andere wäre. Weil angesichts des Schrecklichen das Schöne nicht sein darf, darf erst recht das nicht Schöne nicht schön sein.

Ich habe Greffraths Bemerkung etwas strapaziert, weil sich hier eine Reaktion derjenigen Emigranten wiederholt, die in den Staaten weder heimisch werden konnten noch heimisch werden wollten, noch es letztlich zu werden brauchten. Im 1963 veröffentlichten *Luccheser Memorial* notiert Adorno, zehn Jahre nach seinem endgültig letzten Besuch in den USA, aus Norditalien: »Sich vorstellen, daß wer weiß wie viele Millionen aus diesem Land nach Kanada, den Staaten, Argentinien auswandern, wo es doch umgekehrt sein müßte. Ohne Unterlaß, als wäre es ein Ritual, wiederholt sich die Austreibung aus dem Paradies.«[12] Nur die südeuropäisch-paradiesische Szenerie kann der industriellen Kolonisierung noch widerstehen. »Im Omnibus nach Pistoia. Selbst der Anstrengung der Autobahn, allem auszuweichen, was anders wäre als nüchtern oder Reklame, gelingt es nicht gänzlich, die Schönheit der toscanischen Landschaft zu verbergen. So groß ist sie, daß sie noch gegen die verwüstende Praxis sich behauptet.«[13] Gleiches lassen die Autoren der *Dialektik der Aufklärung* für die Vereinigten Staaten

12 Th. W. Adorno, Luccheser Memorial, in: ders., Ohne Leitbild, a.a.O., S. 128 ff., 131.

13 Ebd., 130.

nicht gelten. Hier wird ihnen »die Landschaft (...) zum bloßen Hintergrund für Schilder und Zeichen«. (DA 172) Unter dem Stichwort *paysage*, nicht etwa ›landscape‹, führt Adorno in den *Minima Moralia* diesen Vorbehalt aus: »Der Mangel der amerikanischen Landschaft ist nicht sowohl, wie die romantische Illusion es möchte, die Absenz historischer Erinnerungen, als daß in ihr die Hand keine Spur hinterlassen hat. Das bezieht sich nicht bloß auf das Fehlen von Äckern, die ungerodeten und oft buschwerkhaft niedrigen Wälder, sondern vor allem auf die Straßen. Diese sind allemal unvermittelt in die Landschaft gesprengt, und je glatter und breiter sie gelungen sind, um so beziehungsloser und gewalttätiger steht ihre schimmernde Bahn gegen die allzu wild verwachsene Umgebung. Sie tragen keinen Ausdruck.«[14] Wo die Paradiese dieser Welt zu finden seien, darüber ist gewiss schwer streiten. Wenn aber die heimischen Paradiese, wenn Taunus und Toskana und alles, was damit verbunden ist, der Kritik der fremdländischen Erscheinungen die Argumente liefern, Argumente, die einer Theorie der Gegenwart als Stütze dienen, sind Zweifel erlaubt. Adornos reichlich ignorante Kritik der amerikanischen Straßenführung – immerhin leitet sie gelegentlich durch Wälder, die mächtiger, Äcker, die weitläufiger und Wildnisse, die ausdrucksvoller sind als die bei uns zu Hause, und macht eine dynamische Raumerkundung möglich, die dem spazierenden Auge nicht zugänglich ist[15] – gibt fast ein Modell des europäisch vorgefügten Blicks, dem der Eigensinn der neuen Welt als Mangel an Kultur erscheint. Oft genug behandeln

14 Th. W. Adorno, Minima Moralia, Frankfurt/M. 1971, 54 f.

15 In freimütigem Widerspruch scheint dies Adorno noch auf derselben Seite zuzugestehen: »Schönheit der amerikanischen Landschaft: daß noch dem kleinsten ihrer Segmente, als Ausdruck, die unermeßliche Größe des ganzen Landes einbeschrieben ist.« (Ebd. 55) Aber diese Bemerkung hält mit dem trivialerweise Richtigen des kontinentalen Vorurteils gleich das ganze Vorurteil fest: Die Staaten sind reich an Quantität, aber arm an Qualität, so arm, dass auch diese sich noch in Begriffen der Quantität angeben lässt.

Horkheimer und Adorno den Schauplatz USA wie eine ästhetische Kolonie, wozu sie als Exilierte alles, als Kritische Theoretiker aber keinerlei Recht haben, und malen sich hier die Züge der Gegenkolonisierung aus, die Europa von hier aus erleiden wird, wozu sie wiederum alles Recht hätten, würden sie nicht dieses Schaubild mit der Physiognomie des fremden Landes verwechseln.

In der vorweggenommenen Schändung Europas geht dessen Erscheinung nicht auf. Lassen Sie sich einmal von William Trogdon alias Least Heat Moon aus dem Herzen von Missouri über Tausende von Meilen außerhalb der großen Highways rund um die Staaten führen.[16] Das wird Ihren Gesichtskreis mit Naturschönheiten reich genug belichten, um im leeren Sommerlicht der kalifornischen Ebene für die kühle *Land Art* einer dreißigspurigen Highwaykreuzung gerüstet zu sein. Fahren Sie – natürlich, Sie fahren, das Schuhzeug für die von Adorno vermissten »weichen Fußwege«[17] haben Sie in Heideggers Hütte gelassen – an einem glühenden Septembertag ostwärts durch die freigebrannten Felsenfarben über dem Salz der untermeerestiefen Sohle in die Wüste um das Tal des Todes ein, Sie ignorieren die survival hints, Sie lassen die Oase mit ihrem Golfplatz eine Oase mit ihrem Golfplatz sein, Sie machen erst Halt im Flugzement der hohen Hügelwellen am Zabriskie Point. Da haben Sie Ihren Standpunkt der Versöhnung. Kein Rest bleibt von der Daseinsform der halb verblümten Gegensätze, deren Kommen und Vergehen Sie gierig schon vermissen. Verweilen Sie, wenn Sie es noch eine Weile ohne den armen Wald aushalten, diesmal sollte es ein klarer Oktobertag sein, für Stunden unter den Sandsteinmonolithen des Monument Valley im Süden Utahs. Der Staub der Ford'schen Western weht hier heute nicht. Im Lichte ihres Schattens stehen die der Logik des Zerfalls erwachsenen Skulpturen, die steingefaltet um die schief gestellte Achse denken. Was Sie sehen, ist

16 W. Least Heat Moon, Blue Highways, München 1985.
17 Th. W. Adorno, Minima Moralia, a. a. O., 55.

die Kunst der ausgeklügelten Natur, wie sie mit dem Stahl der Plastiken von Newman oder Serra spricht. Sie fahren nach Nordosten weiter. Sie werden eine Ortschaft mit dem schönen Namen Bluff durchqueren. Den hat sie allem Anschein nach verdient: ein Trade Shop, eine Poststation, Baracken, ein paar aus Fertigteilen hingesetzte Häuser, die dem Stilideal von Wohnmobilen sich verpflichtet wissen, und sieben Tankstellen, die den harten Kern des unsichtbaren Lebens bilden. Auf jeden Wettstreit mit der »homophone(n) Architektur«[18] italienischer Siedlungen hat das Dorf verzichtet, das nicht einmal diesen Titel für sich in Anspruch nimmt. Und doch: Missachten Sie die souveräne Demut nicht, mit der sich diese Assemblage der Übermacht der Landschaft grüßend überlässt. Hier wird nicht schöngetan und sich zurückgeduckt vor dem, was dennoch stärker ist, kein zentraler Platz ist gegen den Einfall der Natur errichtet, der in die gerade main street jeden Einblick lässt. Auf der Fahrt durch den mittleren Westen, der Mal um Mal den running fence der Reklameschilder überrollt, werden Ihnen noch viele dieser Niederlassungen begegnen, die in Europa einfach hässlich wären, die hier in Würde hässlich sind.[19] Im Osten, wo Sie wieder herbstlich heimisch werden, auch wenn die Farben härter und die Abmessungen vergrößert sind, dürfen Sie sich am trägen Fluss des Delaware entspannen. Vor dem Einfall der Dämmerung schalten Sie dann den lokalen Rocksender ein, mit Beethovenquartetten geht das schlecht, Sie kommen an Newark vorbei, Sie fahren über einen der skyways aus New Jersey heraus – Sie befinden sich auf Adornos Heimweg vom Princeton Radio Research Project –, Sie sehen rechts den Hudson unter der Last aus Nacht und Lichtern liegen, Sie drängeln Ihren Wagen durch den Verkehrsstrom in die Mündung des Holland- oder Lincoln-Tun-

18 Th. W. Adorno, Luccheser Memorial, a. a. O., 131.

19 Der amerikanischen Wüste ist die Tankstellenniederlassung was der afrikanischen das Kamel, das erhabene Tier. – Zum Begriff der amerikanischen Wüste vgl. W. Least Heat Moon, Blue Highways, a. a. O., 192 u. 215 ff.

nels, im Sog der unterirdischen Bewegung gibt auch Ihr Sender nur ein Rauschen wieder, die Rhythmen kommen rasch zurück, Sie sehen Paare und Passanten in den Planquadraten streifen, der Widerspruch der Ausdrucksformen, der der Wüste fehlte, flirrt aus dem Unterholz der Zeichenketten hoch, an jeder Kreuzung blickt Manhattan auf Sie nieder.

Wohl stimmt noch heute, was Sie bei Adorno lesen: »Der Unterschied zwischen Amorbach und Paris ist geringer als der zwischen Paris und New York.«[20] Was immer Sie von meiner kurzen Rede Ihrer langen Reise halten, erzählen Sie mir eines nicht: dass die Schönheit dieses Städtchens oder auch Venedigs die Geste eines Kaffs wie Bluff, den Augenblick New Yorks erledigt.

Mahler oder Memphis Slim

Der Lone Star Club in Manhattan, Ecke Fifth Avenue und östliche 13. Straße, ist ein eigenartiges Terrain. Bereits das Riesenreptil auf dem Dach des Hauses kündigt archaische Zustände an: Hier ist eine Oase der westlichen Wüste im östlichen Dschungel. Dem entspricht der Geist des Etablissements. Der Club versteht sich als Zuflucht der Exiltexaner New Yorks. So ist er ausstaffiert, und so liest sich auch die Speisekarte. Doch weniger im Zeichen der Cowboystiefel, die in allen Varianten von der Decke hängen, kommen die realen und die mentalen Hinterwäldler hier zusammen; was sie eint, ist die Musik. Der Lone Star Club ist eine florierende Enklave des musikalischen Provinzialismus. Nicht Pop oder Jazz, nicht Funk oder Punk, nicht New Wave oder Next Wave sind angesagt, angesagt ist alles, was sich, jedenfalls in der Meinung der Anwesenden, nur irgend dem Leitstern der Country and Western Music unterstellen lässt, und seien es wiederum Spielarten des Pop oder

20 Th. W. Adorno, Amorbach, in: ders., Ohne Leitbild, a. a. O., 20ff., 22.

Jazz oder Blues. Durch diesen geschmacklichen Filter ist auch das Publikum gegangen – selbst viele Jüngere stammen wie aus einer anderen Zeit, so wie auch viele der Combos, die hier auftreten, vor zehn oder zwanzig Jahren ihre besseren Tage hatten, in deren Glorie sie nun etwas blasiert zu Hause sind. Spätestens wenn einige der Fans mit Frisuren, die um 1965 mutig waren, sich beim Gitarrensolo dazu hinreißen lassen, mit leeren Händen die ihnen ungeläufigen Griffe nachzuzucken, kann sich der Dozent vom Kontinent des Eindrucks nicht erwehren, an einer Laienaufführung mitzuwirken, die den Titel »Der Fetischcharakter der Musik und die Regression des Hörens« trägt. Doch was für alle ästhetischen Milieus gilt, gilt auch für dieses: Gegen die Gärung der in ihm lauernden Wirkstoffe ist keines gefeit. Sowenig gute Musik vor ihren faden Verehrern sicher ist, sowenig bieten die üblichen Geschäftstage im Lone Star Club eine Sicherheit gegen das Ereignis der in ihm zugelassenen Musik.

In der Nacht des 16. September 1985 tritt der Blues-Sänger Memphis Slim im Lone Star Club auf. Der Meister, um die siebzig, bis zu den rotbraunen Stiefeletten erlesen gewandet, ist körperlich nicht in der besten Verfassung. Jeden seiner Akkorde und Läufe hat jeder im Saal schon einmal gehört. Die Begleitband kann nicht mehr als das, was eine Bluesbegleitband eben können muss. Die Leadgitarre ist in der Obhut einer schüchternen schönen Halbasiatin, die die altersheiteren Sexismen des Bluesparlandos mehr mit der Grazie ihres Körpers als mit der Geschmeidigkeit der Soli nimmt. Was der Sänger singt, sind frei montierte Fragmente aus dem vertrauten Textrepertoire des Blues, vermischt mit ein paar politischen Mahnungen, etwas religiöser Anrufung und einer ganz materialistischen Koketterie mit dem baldigen Tod. Eher aus dem Rahmen fallen die beharrlichen Liebeserklärungen an Paris, mit denen der Weltbürger aus Tennessee, damit die Wogen der Begeisterung sich brechen, die bodenständigen New Yorker sachte blamiert.

Aber das ist es nicht. Dass nichts Unerwartetes geschieht

und doch das Unerwartete geschieht, das ist es. Würde ein Barde aus Ulmenhorst oder ein Billy aus Milwaukee dasselbe singen und tun, es wäre wohl das, wofür es der brillante Teddy mit seinen Wiener Standards ohnehin gehalten hätte. Dieser alte Schwarze aber singt mit der Autorität des Blues, das heißt mit der eigenen, im Kontext einer von Bessie Smith bis Billie Holliday, vom unvergleichlichen Jimmy Rushing zum jüngstverstorbenen Joe Turner reichenden Kultur der musikalischen Erzählung, die eben das ermöglicht: aus der Erfahrung des Leidens die Lust der Erfahrung der Lust und des Leidens zu singen. Diese Musik ist alles andere als diskursiv im Sinne der weitreichend durchartikulierten Gestaltung, sie ist es als Prosa der erinnernden Digression. Das dem Gesprächston Überlassene der oft sprunghaften, oft plötzlich verschärften und ebenso rasch verlangsamten Rhythmik, die gelegentlich aussetzt, um die mal triumphierende, mal drohende, mal erzitternde, mal versöhnliche Anrede über den Bargeräuschen stehen zu lassen – die gelassene Hingabe dieser Musik ist Bedingung der Anspannung ihres Sprechens. Am klassischen Objekt hat Adorno etwas davon verstanden. »Rede selber, die Sprache in ihrem Gegensatz zum mythischen Gesang, die Möglichkeit, das geschehene Unheil erinnernd festzuhalten, ist das Gesetz des homerischen Entrinnens. Nicht umsonst wird der entrinnende Held als Erzählender immer wieder eingeführt. Die kalte Distanz der Erzählung, die noch das Grauenhafte vorträgt, als wäre es zur Unterhaltung bestimmt, lässt zugleich das Grauen erst hervortreten, das im Liede zum Schicksal feierlich sich verwirrt. Das Innehalten in der Rede aber ist die Zäsur, die Verwandlung des Berichteten in längst Vergangenes, kraft deren der Schein von Freiheit aufblitzt, den Zivilisation seitdem nicht mehr ganz ausgelöscht hat.« (DA 86)

Nun ist der Blues des Memphis Slim nicht reine ausufernde Rede, sein Vortrag lebt in hohem Maße von der musikalischen Präsenz des Vortragenden im Augenblick der Darbietung. Über die akustische Räumlichkeit des Klangs und die Unentschiedenheit des Gelingens hinaus, den beiden auch von Adorno hervorgehobenen Charakteristika der lebendigen Musik gegenüber ihrer technischen Reproduktion, spielt hier die Intimität der Ausübung eine Rolle, für die weder die klassische Instrumentalmusik noch etwa die elektronisch hoch instrumentalisierte Rockmusik eine Entsprechung hat. Das spricht nicht gegen Klassik oder Rock, es spricht bloß für Blues und Jazz. Bei allem technischen Können (wie es im Jazz weit mehr als im Blues verlangt ist) ist hier ein Einstehen fürs Gespielte, eine Kontaktfähigkeit zum Gespielten (und erst hierdurch zu den Hörern) verlangt, die sich häufig in der physischen Verausgabung im Spielen, in der Resonanz der körperlichen Erzeugung zum akustischen Ausdruck erfüllt. Bei vielen der großen Jazzmusiker ist diese Einsatzkunst eine unverzichtbare Voraussetzung ihrer Kunst der erfindenden Darbietung, gleich ob es das feindselige Understatement eines Miles Davis, die gratwandlerische Überschwänglichkeit eines David Murray, das dadaistische Schunkeln des Sun-Ra-Kollektivs, die hedonistische Motorik eines Art Blakey, die orgiastische Versenkung eines Cecil Taylor oder das humoristische Stilbeben des Art Ensemble of Chicago ist. Was Adorno für den Bereich der klassischen Musik einzuräumen bereit war: dass die Erfahrung mit Livemusik die Bedingung und Möglichkeit ihrer Hörbarkeit auf Platten sei, gilt für den Jazz nicht minder.[21] Wer also wie Adorno die fernen Verwandten dieser Musik vor allem aus dem Radio kannte, konnte nach den eigenen Kriterien kaum einen Schimmer von ihr haben. Die hochtrabende Kritik des Jazz und anderer Formen populärer Musik fällt schon mit der Annahme, ihr könnten Radio und Stereoanlage nichts zuleide tun. Die Nacht der Zugaben des Memphis Slim wird auf dem

21 Vgl. Th. W. Adorno, Über die musikalische Verwendung des Radios, in: ders., Gesammelte Schriften (GS), hg. v. R. Tiedemann, Frankfurt/M. 1971 ff., Bd. 15, 369-401. Vgl. Adornos Kritik an Toscanini, der die Schallplattenakustik bereits im Konzertsaal realisiere: Th. W. Adorno, Die Meisterschaft des Maestro, in: ders., GS, Bd. 16, 52-67.

Schwarz oder neuerdings Silbergrau der Tonträger nicht wieder erscheinen.

Am Samstag nach dieser Nacht spielen die Israelischen Philharmoniker unter der Leitung Leonard Bernsteins in der Carnegie Hall die einander mit Wahn und Widerspruch belastenden Formen von Mahlers *Neunter Symphonie* bis zum Erlahmen ihrer letzten Züge ohne milderndes Entkommen aus. Das sonst nicht zimperliche hiesige Konzertpublikum hat diesmal anderthalb Stunden lang stillgehalten, nun verhallt »sein begeisterter Ruf nach Befreiung (...) schon als Applaus« (DA 41), in einem tosenden Jubel, mit dem verglichen die Bekundungen der Clubbesucher bloß Gefälligkeiten waren. Zusammen mit den Bettlern und den wartenden Chauffeuren draußen muss der Sirenenlärm der Stadt für die Wiederherstellung der Stille sorgen, in der das Verklungene durch das Schreien bloß der Subwayschienen nochmals klingt. Der Gegensatz des sich aus Musik über Musik gegen Musik als Musik »in sich selbst zurücknehmenden«[22] »ersten Werks der neuen Musik«[23] des »epische(n) Komponist(en)« Mahler[24] zum lose gespannten Erzählton des Blues ist evident. Nur ist es nicht der Gegensatz der geistigen Kunst zur sinnlichen Lockung ihres heruntergekommenen Wesens, es ist das der Gegensatz der Kunst, ohne deren Anerkennung ihre Erfahrung verwest. Mahler oder Memphis Slim – im strengsten Frankfurter Sinn des Wortes banausischer könnte die Alternative nicht sein.

22 Th. W. Adorno, Mahler. Eine musikalische Physiognomie, in: ders., GS, Bd. 13, 149-319, 298.

23 Th. W. Adorno, Mahler. Wiener Gedenkrede, in: ders., GS, Bd. 16, 323-350, 333.

24 Th. W. Adorno, Mahler. Eine musikalische Physiognomie, a. a. O., 299.

Entschiedener Einspruch erhebt sich aus Frankreich. Wer Adornos Urteile im Stile Adornos als banausisch entlarvt, sagt Pierre Bourdieu, macht sich selbst jenes »Terrorismus« der Verdikte schuldig, der die Welt unaufhörlich in die Schar der Eingeweihten und die Masse der Banausen teilt.[25] Seit jeher war es das erzbürgerliche Geschäft der theoretischen Ästhetik und der kunstästhetischen Kritik, eine Barriere zwischen dem reinen und dem vulgären Geschmack zu errichten, um das angeblich Beste der Kultur gegen die fröhliche Indifferenz der »populären Ästhetik« zu retten. Ob Mahler oder Memphis Slim – die Entscheidung dieser Frage, so wird uns bedeutet, ist herzlich gleichgültig, wenn es darum geht, mit den restaurativen Prämissen gerade der linken Kulturkritik Schluss zu machen. Gegen die falsche Trennung der kulturellen Sphären hilft auf theoretischer Seite nicht die Erweiterung des Kunstbegriffs, dagegen hilft nur die »›barbarische‹ Wiedereingliederung« der Kunst in eine »Wissenschaft vom Geschmack«, die alle Formen des kulturellen Konsums umfasst.[26] Praktisch bedeutet das: Nicht die eschatologisch behütete Arbeitsteilung zwischen den Artisten in der Zirkuskuppel und den Akrobaten in der Manege, nur der urbane, das Unten gegen das Oben und das Uneigentliche gegen das Eigentliche ausspielende »Karneval« der Werte vermag mit der Komplizenschaft des kunstästhetischen und des kulturindustriellen Anspruchs auf eine sei es schöngeistige, sei es jungdynamische Definition des Menschen zu brechen.[27]

Es ist die erklärte Absicht von Bourdieus Studie über den Sinn der »gesellschaftlichen Urteilskraft« für »die feinen Un-

25 P. Bourdieu, Die feinen Unterschiede. Kritik der gesellschaftlichen Urteilskraft, Frankfurt/M. 1984, 797.

26 Ebd. 172 u. 26; vgl. 756 ff. Eine Definition seiner methodischen »Barbarei« gibt Bourdieu S. 390.

27 Ebd. 766 f.

terschiede«, endlich die »sakrale Schranke niederzureißen«, mit der sich die »offizielle« Kultur samt ihren »gelehrten« Verfechtern vor der Einsicht in die *Kontinuität der ästhetischen Praxis* (und vor den Folgen dieser Einsicht) zu schützen versucht. Für Bourdieu ist es an der Zeit, dass »einmal die Wahrheit des Geschmacks aufgedeckt« wird. Der Geschmack ist unteilbar. Der unvoreingenommene Blick auf das empirische Geschmacksverhalten heutiger Gesellschaften beweist, dass die scheinbar so verschiedenartigen Optionen »für Musik und Küche, Malerei und Sport, Literatur und Frisur« in Wahrheit das Ergebnis eines strukturell konstanten Mechanismus sind.[28] Soziale Klassifikation – das ist es, worin das Haben von Geschmack besteht und was sich in den entsprechenden Urteilen vollzieht. Der Sinn der Geschmacksurteile ist Einsatz an der Börse symbolischen Kapitals. Laut Bourdieu ist es daher die reine Illusion, mit Kant zu glauben, bestimmte Formen des Geschmacksurteils – die sich »interesselos« auf Kunst und Natur beziehen – seien von sich aus mit einem legitimen Anspruch auf Universalität versehen. Vielmehr ergibt sich der Status aller dieser Urteile aus ihrer allgemeinen Funktion der öffentlichen Bestimmung der Zugehörigkeit zu einer Klasse oder zu einem Milieu innerhalb der Klasse, deren jeweiliges *Ethos* die höchst relativen Standards des sozialen Distinktionsverhaltens prägt. Dieser Praxis folgt das gebildete Kunsturteil – lieber der Shakespeare von Zadek oder der Shakespeare von Stein? – nicht anders als die leidenschaftliche Bewertung von Fußballspielen und Fußballstilen – lieber die Borussia aus Gladbach oder die Bayern aus München? Die Beantwortung der Frage, ob es banausisch ist, Kartoffelpuffer mit Butter, Kaviar oder sonst was (außer Apfelmus) zu bestreichen, folgt demnach keiner anderen »Logik« als die der Frage, ob es barbarisch ist, zu Beethovenquartetten das Auto zu waschen, oder die Erörterung, ob es geboten ist, die Rolle der Komik in der Prosa des mittleren Beckett

28 Ebd. 26 u. 756.

zu würdigen. Die Leute mit dem Kunstgespür sind so betrachtet nur diejenigen, die noch daraus Statusgewinne beziehen, dass sie sich und den anderen vormachen, es gehe ihnen genau darum nicht. »Kunst ist der Bereich der Verleugnung der sozialen Welt schlechthin.«[29]

Wer also, wie Adorno, trotz aller ideologiekritischen Klauseln, letztlich die Kunst zur Instanz der Kritik der Gesellschaft erhebt, hat den soziologischen Anspruch der Kritischen Theorie zugunsten der eigenen bürgerlichen Optionen verraten. Das ist zwar nicht falsch, aber deswegen ist Bourdieus soziologische Aufhebung der Kunst noch lange nicht im Recht. Zunächst freilich muss man sehen, dass die – aus der Sicht der *Dialektik der Aufklärung* so skandalös klingende – funktionalistische Gleichsetzung von Beethoven und Casino de Paris durchaus nicht abwegig ist, auch nicht nach den Kriterien Horkheimers und Adornos: solange sich die Gleichsetzung auf eine *bestimmte* Funktion der *Urteile* über Beethoven und Nightclubs beschränkt. Tatsächlich haben ästhetische Urteile aller Art häufig die von Bourdieu eindrucksvoll beschriebene Funktion der sozialen Abgrenzung, und tatsächlich sind diese Urteile im Unterschied etwa zu politischen Urteilen in besonderer Weise zur Erfüllung dieser Funktion prädestiniert. Damit ist aber noch nicht gezeigt, dass dieser zweifellos wesentliche Gebrauch ästhetischer Unterscheidungen auch das Wesen des ästhetischen Verhaltens ist. Eben darauf aber, dass das ästhetische Verhalten in »nichts anderem« besteht als der Auseinandersetzung um symbolische Macht, legt Bourdieu den größten Wert.[30] Die Gegenthese liegt auf der Hand: Das ästhetische Unterscheidungsverhalten kann die ihm von Bourdieu zugewiesene Rolle nur spielen, weil das, was darin zum Ausdruck und zur Sprache kommt, in der Lebenspraxis derer, die sich in ihren ästhetischen Wertungen gleichen oder unterscheiden, eine Rolle spielt, die *nicht* ausschließlich in Begriffen

29 Ebd. 796.
30 Ebd., bes. 388 ff.

der sozialen Zugehörigkeit bestimmt werden kann. Die soziale Unterscheidungsfunktion der geschmacklichen Urteilskraft verweist auf *interne* Unterscheidungsmöglichkeiten im weiten Bereich der ästhetischen Bevorzugung, die nicht selbst auf soziale Unterschiede zurückgeführt werden können. Die »Einheit des Geschmacks«, die Einheit *der* Funktion des Geschmacklichen, der sich Bourdieu ausschließlich widmet, ist nur zusammen mit der strukturellen Diskontinuität der ästhetischen Praxis gegeben.

Die gute oder schlechte Qualität eines Kartoffelpuffers, die faszinierende Physiognomie eines Kohlkopfes und der einzigartige Rang der *Neunten Symphonie* Mahlers sind Objekt und Ergebnis dreier sehr verschiedener Formen der ästhetischen Wertschätzung – der kulinarischen, der kontemplativen und der kunstkritischen (deren jede freilich die andere als wesentliches Moment enthalten kann). Diese und andere Formen passen in das Prokrustesbett einer einheitlichen Form der geschmacklichen Beurteilung nicht, auch wenn alle *gelegentlich*, ja selbst wenn sie alle immer *auch* der Funktion der Statusbestimmung dienen. So gewiss ich mit allen drei Bewertungsarten »Distinktionsgewinne« erzielen kann – wie erst recht mit Kompetenz auf allen drei Gebieten –, so gewiss ist meine *Kompetenz* in keinem der Fälle die des Erzielens solcher Gewinne. Wäre das so, verschwänden mit den einschlägigen Distinktionen auch die respektiven Gewinne. Denn dieser »symbolische Gewinn« hängt stets davon ab, dass möglicherweise ein anderer Gewinn absehbar ist, auf den wir mit positiven und negativen Urteilen verweisen. Der Puffer wird gut sein, wenn er Würze hat und knusprig ist, der Kohlkopf mag wegen der morbiden Lineatur das Staunen lohnen, und der Mahler ist das Hören wert, wenn er die Welt der Hörenden erschüttert. Was immer es sonst oder anderes sein mag, das für das Gefallen an diesen Gegenständen spricht, etwas muss in allen diesen Fällen da sein, das sich in irgendeinem Sinn des Wortes *ästhetisch* geltend machen kann (oder das jemand, den ich kenne, der sich da auskennt, geltend machen könnte), damit ich mein Unterscheidungsvermögen *sozial* zur Geltung bringen kann.

Bourdieus Betrachtungsweise vergeht sich also nicht nur am Eigensinn der Kunst, sie vergeht sich am Eigensinn aller geschmacklichen Wertungen, wo immer sie ihren Sinn auf den Sinn der Statusregulierung reduziert.[31] Am Beispiel der Kunst wird der unnötige Reduktionismus einer rein externen Funktionalisierung des Ästhetischen nur besonders deutlich. Mindestens drei recht grobe Unterscheidungszusammenhänge müssen missachtet werden, damit die Kunst eines Mahler oder eines Memphis Slim an das deftige Aroma geglückter Kartoffelpuffer – und umgekehrt: damit der Fettglanz des Puffers an die magenschonende Aura der Musik – verraten werden kann.

Erstens: Um seines Arguments willen darf Bourdieu so etwas wie eine *material* bestimmbare Funktion der kunstästhetischen Praxis gar nicht erst zulassen. Er identifiziert das, was gegenwärtig in der und um die Kunst geschieht, kurzerhand mit jenem Pariser Purismus, den er ansonsten nicht genug verspotten kann. Dieser Purismus ist nicht der Purismus einer bestimmten kunstästhetischen Funktion wie derjenige Adornos, der in dem *kognitiven* Potential der Kunst ihr ganzes Wesen sieht. Dieser Purismus ist ein Purismus der Kunst selbst, dem zufolge die Kunst und ihre Kenntnis im Erzeugen und Beherrschen formaler Differenzen bestehen. Nachdem Bourdieu das angeblich rein sich selbst genügende Spiel des Distinguierens mit geborgten Argumenten zum Sinn der Kunstwahrnehmung erklärt hat, nimmt es nicht wunder, wenn die Kunst »objektiv gesehen« nur mehr als Gipfel des Distinktionsverhaltens erscheint. Zur Kunst aber kann man sich so rein geschmäcklerisch, wie es bei Bourdieu erscheint und wie gewiss viele es *gelegentlich* und manche es *immer* tun, nur dann verhalten, wenn

31 Es hilft nichts zu sagen, es sei das eine eben der subjektive, das andere dagegen der objektive Sinn dieser Wertungen. Denn es muss einen möglichen objektiven Sinn auch der internen Wertungen geben, damit ihre durchaus gleichursprüngliche machtregulierende Wirkung greifen kann.

und solange *nicht alle* es tun. Denn würden alle es tun, gäbe es den gesonderten Bereich der Kunst nicht länger, einfach weil die Fähigkeit, über Kunst zu reden, kein anderes Prestige mehr hätte als die, über die neuesten Staubsauger Bescheid zu wissen. Bourdieus implizite Theorie der Kunst ist so absurd, wie nur je eine »institutionelle Theorie der Kunst« es war. Für Bourdieus Zwecke wäre es günstiger gewesen, den Kantischen »Reflexions-Geschmack« im Unterschied zu Teilen der verachteten »gelehrten Ästhetik« *nicht-puristisch*, nämlich als Organ der Weltweisen-Wahrnehmung zu begreifen, wie das bei Kant selbst und selbst beim fatalen Schopenhauer noch angelegt ist. Damit wäre der Kunst eine Funktion zugestanden – die Funktion eines Mediums der Weltweisen-Wahrnehmung–, von der aus ihre gesellschaftlichen Funktionen erklärbar werden könnten, ohne dass die Erklärung schon in den Begriff des Erklärten eingebaut wäre. Diese Ausdrucksfunktion (vor allem, aber nicht nur) der Kunst, die Adorno fast ausschließlich im Auge hatte und die bis heute ihre *zentrale* Funktion geblieben ist, wird nicht nur mit den anderen ästhetischen Funktionen vielfältig *koexistieren*, sie wird ebenso mit vielfältigen gesellschaftlichen Erwartungen und Erfordernissen *interagieren*, ohne dass damit ihre Reinheit in Gefahr geriete. Denn diese Reinheit gibt es schon aus internen Gründen nicht.[32]

Zweitens: Bourdieu muss die »Weltsicht« eines Menschen oder einer Klasse mit ihrem »Lebensstil« gleichsetzen, den er mit einem *Sichdarbieten* ihrer Weltsicht für die auf diese Weise Lebenden gleichsetzen muss, eine Darbietung, die er wiederum mit dem *Ausdruckszusammenhang* gleichsetzen muss, als welcher dem *Soziologen* die betreffende Lebensform erscheint.[33] Keine dieser Gleichsetzungen ist ohne weiteres legitim. Der besondere Ort der kunstästhetischen Wahrnehmung und Produktion (und auch der freien ausdrucksästhetischen

32 Vgl. M. Seel, Die Kunst der Entzweiung. Zum Begriff der ästhetischen Rationalität, Frankfurt/M. 1985, 293 ff.

33 Zu »Lebensstil« und »Weltsicht« vgl. Bourdieu, a. a. O., 283 ff. u. 321 f.

Wahrnehmung) muss in diesem eindimensionalen Panorama unsichtbar bleiben, weil die ästhetische Sonderfunktion der Präsentation von Weltsichten bereits methodisch nicht zugelassen ist. Es ist aber zweierlei, ob ich richtig, behaglich, »wie man es haben muss« usw. eingerichtet bin und meinen aus Not oder Laune geprägten Neigungen nachgehen kann oder ob ich es mit Gegenständen zu tun habe, die – nach meinem Geschmack, nach meiner Erfahrung – eine wesentliche Sicht bestimmter Dinge zum Ausdruck bringen. In ihrem Lebensstil sind die Menschen zu Hause, und sie bewerten ihn danach, ob sie sich in ihm zu Hause fühlen. An besonderen Objekten innerhalb ihres Lebenshorizonts (die durchaus zu ihrem Lebensstil gehören können) stellen sich den Menschen Aspekte ihres situativen Weltverhältnisses ästhetisch dar, und entsprechend werden *diese* Gegenstände bewertet. Zwischen dem Geschmack an einem Cheeseburger »with everything« und dem Gefallen an Claes Oldenburgs Opusculum *Two Cheeseburgers, with Everything*[34] liegen Welten – und dies nicht allein deshalb, weil zwischen der Disposition, Cheeseburger zu mögen, und der, den hässlichen doppelten Doppelgänger zu schätzen, soziale Welten liegen *können*. Der Cheeseburger ist ein guter oder schlechter Cheeseburger, der Oldenburger dagegen ist ein guter oder schlechter bildnerischer Aphorismus über eine Welt, die sich durch Massenproduktion und Massenverzehr guter oder schlechter Cheeseburger erhält und verbraucht.

Drittens: Bourdieu muss *hypothetische Irrelativität* der Werturteile über ausdrucksästhetische Gegenstände, die nicht auf einen bestimmten Lebensstil zugeschnitten sind, gleichsetzen mit der unbestrittenen *Relativität* der Urteile, in denen in einem bestimmten gesellschaftlichen Umfeld über die Angemessenheit von Objekten des Lebensstils verhandelt wird. So richtig es ist, dass noch die abstrakteste Kunst nicht unabhängig von jedem Ethos existiert – sei es das, dem sie entstammt,

34 1962, im Besitz des Museum of Modern Art.

oder eher das, auf das sie in ihrem Wahrgenommenwerden trifft –, so ist doch kein Kunstwerk und keine Kunstform (nicht einmal die Oper!) auf ein bestimmtes Ethos festgelegt, von dem aus und für das sie zu beurteilen wäre. Da Kunstwerke Weltsichten nicht nur dokumentieren, sondern, wenn sie gelingen, auch Weltsichten produzieren, kann der Wert dieser Ausdrucksmedien nicht von vorgegebenen Erfahrungsweisen gänzlich determiniert sein. Daran liegt es auch, dass das ausdrucksbezogene Kunsturteil nicht notwendigerweise für eine bestimmte Klasse oder Gruppe, Region oder Nation gesprochen ist. Es bringt Qualitäten seines Gegenstands zur Geltung, von denen es fordert, dass nicht unbedingt jedermann, aber *unbestimmt viele unbestimmt welcher kulturellen Prägung* sie wahrnehmen (lernen) sollten, um Situationen der *gemeinsamen Gegenwart* erstmals oder anders zu erfahren.[35] Selbstverständlich sind solche Kunsturteile stets in einem bestimmten Kontext getroffen, der sowohl für den Urteilenden als auch für sein Urteil höchst signifikant sein kann. Aber das ist trivial; es gilt für jedes andere Urteil auch.

Methode und Moderne

In einem Anspruch stimmen die philosophischen Fragmente aus dem Jahr 1944 und das soziologische Opus magnum aus dem Jahr 1979 überein. Trotz des konträren Stils, trotz der unterschiedlichen Paradigmen (hier Frankreich, dort die USA) wollen beide eine umfassende Kritik der Kultur formulieren. Beide Versuche stimmen auch darin überein, dass solch eine Betrachtung durchaus mikrologisch ansetzen muss, wenngleich das, wie Bourdieu hinzufügt, nur dann gelingen kann, wenn die Analyse es nicht »unterläßt, das Spiel in seinem Ge-

35 Ausführlich: M. Seel, Was ist ein ästhetisches Argument?, in: Phil. Jahrbuch, 94/1987, 42-63.

samtaufbau zu erfassen«.[36] Entsprechend haben sich Horkheimer und Adorno vorgenommen, die Kulturindustrie ernster zu nehmen, »als sie es von sich aus möchte«; ihre Deutungen halten sich »an den objektiv den Produkten innewohnenden Anspruch, ästhetische Gebilde und damit gestaltete Wahrheit zu sein«. (DA 6) Denn es ist der »unentrinnbare Anspruch jedes Werks, selbst des nichtigsten, (...) in seiner Beschränkung das Ganze zu reflektieren«. (DA 153) So verschieden die implizite Ästhetik der beiden Abhandlungen ist, in ihrem Programm einer ästhetisch geschulten Methodik stehen sie einander auffällig nahe: Jedes Produkt der Kulturindustrie, jedes Detail eines Lebensstils kann als Monade behandelt werden, die das kulturelle System versinnbildlicht, aus dem es seinen Stellenwert bezieht. »Die Dimensionen eines Lebensstils ›bilden mit‹ den anderen, wie Leibniz sagt, ›ein Sinnbild‹ und versinnbildlichen sie.«[37]

Trotz dieser methodischen Verwandtheit ist das Verhältnis zum Methodischen in beiden Büchern ganz verschieden. Die *Dialektik der Aufklärung* möchte am liebsten verheimlichen, was die Objektivität ihrer Entzifferungen verbürgen soll – es ist der von den Autoren advokatorisch vertretene Glücksanspruch der Menschen, ihr »Drang zum ganzen, allgemeinen, ungeteilten Glück« (DA 65), ja die Sehnsucht nach einer »Abschaffung des Todes«, die »die innerste Zelle jeglichen antimythologischen Gedankens ausmacht« (DA 84). Wer, wie Bourdieu, auf solchen Standpunkt der Erlösung keinen Anspruch erhebt, bei dem braucht man nach methodischer Vergewisserung nicht

36 P. Bourdieu, a. a. O., 33.

37 Ebd., 283. Bourdieu fährt fort: »In der Arbeitsmoral des alten Kunsttischlers, dem skrupulöse und einwandfreie Arbeit, Gepflegtes, Ausgefeiltes und Feines alles ist, nicht minder wie in seiner Ästhetik der Arbeit um ihrer selbst willen, die ihn Schönheit an der angewendeten Pflege und Geduld messen lässt, steckt alles: sein Weltbild wie seine Art und Weise, mit seinen Finanzen, seiner Zeit und seinem Körper zu wirtschaften, seine Verwendung der Sprache wie seine Kleidervorliebe.«

lange zu suchen. Sie macht hier gut ein Viertel des voluminösen Werkes aus, woran sich zeigt, wie schwierig es ist, auch ohne Metaphysik einen »Standpunkt oberhalb der Standpunkte« zu beziehen[38] – einen Standpunkt, von dem aus dereinst, nach vermehrten Untersuchungen, »eine wirklich wissenschaftliche Theorie der Ökonomie der Praxisformen und praktischen Handlungen begründet werden kann«.[39]

Nun denn. Zum Glück weiß auch Bourdieu, dass dieser Standpunkt über der Gesellschaft nur von einem Standpunkt in ihr konstruiert werden kann, dass auch der objektivste Soziologe einen »Habitus« im Leib und ein »Ethos« im Rücken hat, die er für sein Erkenntnisunternehmen in Anspruch nehmen muss. Im Vorwort zur deutschen Ausgabe wenigstens hat Bourdieu diese – die eigene – Haltung deutlich zur Sprache gebracht, die Einstellung, der er »Festigkeit und langen Atem« für das dicke Buch sowie das »Interesse für die Wahrheit« und den »Ort der Objektivierung« bei seiner Abfassung verdankt:[40] »Nichts trägt jedenfalls universelleren Charakter als das Projekt einer Objektivierung der an die Partikularität einer sozialen Struktur gebundenen geistigen Strukturen: Weil sie einen epistemologischen und zugleich damit gesellschaftlichen Bruch voraussetzt, ein *Fremdwerden* der vertrauten, familialen und angestammten Welt, ruft die im Kantischen Sinn verstandene Kritik der Kultur mittels des von ihr provozierten Effekts der ›*Verfremdung*‹ jeden Leser auf, den kritischen Bruch, aus dem sie selbst hervorgegangen ist, neuerlich selbst zu vollziehen. Deshalb stellt sie gewiß das einzige rationale Fundament einer universellen Kultur dar.«[41]

Man kann diese Passage nicht oft genug lesen. Verfremdung, sagt Bourdieu, Verfremdung der gewohnten Sicht der Welt, diese im Namen des Projekts einer Kritik der Kultur wissen-

38 Ebd. 277.
39 Ebd. 354.
40 Ebd. 798 f.
41 Ebd. 15.

schaftlich instrumentierte Verfremdung stelle das einzig rationale Fundament einer universellen Kultur dar. Wenn das kein normatives Programm ist! Wenn das, bei allem Interesse an empirischer Objektivierung, nicht *auch* ein *ästhetisches* Programm ist, das nun nicht auf regionale Standards relativiert werden kann, weil es die Relativierung aller fixen Standards verlangt! Bourdieus gegenüber unseren Vorlieben und Wertsetzungen so zynisch und relativistisch sich gebende, freilich mit der Kenntnis und Beherrschung sämtlicher Standards des »legitimen«, des »mittleren« und des »populären« Geschmacks auch ungehemmt kokettierende Analyse der gesellschaftlich-geschmacklichen Urteilskraft setzt nicht zuletzt auf die Wirksamkeit einer bestimmten, sich zu den kulturellen Bezirken und Barrieren subversiv verhaltenden ästhetischen Erfahrung. Nicht dass die von Bourdieu empfohlene Praxis der Verfremdung nur eine ästhetische Angelegenheit wäre; sie entspringt einer im Kern *ethischen* Erfahrung, die sich aus mehr oder weniger moralischen, ästhetischen und theoretischen Energien speist. Keine noch so objektive Theorie aber, die sich auf solche Erfahrung beruft, kann die eigene komplexe Motivation vollständig in den Wortlaut ihrer Untersuchungen einholen und dort belegend entfalten. Nach Bourdieus eigener Bestimmung – der Adorno und Horkheimer sofort beipflichten würden – bleibt diese Theorie darauf angewiesen, von dieser Erfahrungsbasis systematisierend *ausgehen* und weiterhin an sie *anschließen* zu können. Ich will hier nicht darüber streiten, ob das Ethos der Verfremdung wirklich das »einzige« rationale Fundament einer »universellen Kultur« darstellt. Einigen wir uns darauf: Es möchte eine Bedingung dafür sein, dass die partiellen Kulturen, in denen sie wirkt und die sie als Nährboden braucht, selbst rational genannt werden dürfen.

Diese Einigung schafft Raum für eine zusammenführende These. Nur eine Einstellung wie die von Bourdieu benannte kann der eigenen Kritik der anti-barbarischen Borniertheit und kann der Frankfurter Kritik der ästhetischen Barbarei – kann ihnen beiden – einen Rückhalt ihrer dringendsten Einsichten bieten. Gewonnen sind diese Einsichten beide Mal aus einem Misstrauen gegenüber der Selbstdefinition der betrachteten Kulturen, einem Misstrauen überdies gegenüber jedem normativ vereinheitlichenden Begriff der Kultur. Zwar ist das bevorzugte Objekt dieses Misstrauens und der zughörigen Polemik in beiden Fällen ein anderes. *Barbarisch* im Sinne Adornos und Horkheimers ist die Nivellierung der ästhetischen Funktionen; *borniert* im Sinne Bourdieus ist die Verteidigung einer prinzipiellen oder emanzipatorisch notwendigen Hierarchie dieser Funktionen. Genau besehen aber widersprechen diese Kritiken einander nicht. Sie korrigieren und ergänzen einander im Namen einer *Erfahrung des Erhabenen*, der sie beide mit theoretischen Mitteln Geltung verleihen. Das verfremdende Bewusstsein des Erhabenen hat Folgen nicht nur für die Einschätzung der Gesellschaften, in denen es zur Geltung gebracht werden soll; es hat Folgen auch für das Projekt dieser Betrachtung. Am Kriterium der kulturellen Verfremdung zerbricht das totalisierende Denken, in dem beide Parteien ihre Gegenwartsanalyse absichern wollen. Es ist ja nicht wahr, dass jedes Produkt der intellektuellen oder populären Kultur das Ganze der Gegenwart in sich beschließt. Es ist ja nicht wahr, dass die Akkuratesse eines Tischlers oder die Frisur des »Linksaußen beim Fußball« (DA 173) das Kurzzitat seiner Weltsicht und – via differentiae – der gesamten Gesellschaftsordnung ist. An diese Konsistenz der symbolischen Konstellationen darf nur glauben, wer tatsächlich glaubt, von außen in die stehende Zeit des Zeitalters blicken zu können. Gerade ihm aber, dem alles ein Zeichen für alles wäre, würde kein einziges etwas bedeuten. Gegen die eigene Überhebung räumt das von Bourdieu ins Spiel gebrachte Pathos der immanenten Verfremdung mit dem utopischen und methodischen Trug der überschwänglichen Standpunkte auf. Ohne Bedauern trägt es die klassische, die unitarische Moderne zu Grabe, unbeeindruckt auch vom Gekrächz der altklugen Postmodernen, die jammernd oder johlend an ihrem Rockzipfel baumeln.

Die nachutopischen Theorien der ästhetischen Moderne nehmen die Arbeit am Erhabenen auf. Sie geraten dabei in Versuchung, die Ära des Auratischen mit dem Leitwert des Schönen, die Ära seines Verfalls dagegen mit dem Leitwert des Erhabenen zu verbinden. Als Verbrechen der Kulturindustrie erscheint dann der von ihr beförderte Verfall des erhabenen Verfalls. Jean-François Lyotard ist entsprechend verfahren.[42] Wiederum liefert die ästhetische Situation den Anlass für eine Diagnose über das Ästhetische hinaus. Der Glaube an eine umfassende Theorie der Gesellschaft, an die große geschichtsphilosophische »Erzählung«, an die Politik der globalen Integration, an die Moral der universalen Verständigung, an eine Kultur des verbindlichen Sinns – diesen archaischen Erwartungen noch des 20. Jahrhunderts stehen bei Lyotard die Pluralität der Sprachspiele, die Praxis der Diskontinuität, die Bejahung des Unbekannten, ein Kult der Intensitäten gegenüber. Was Horkheimer und Adorno im negativistischen Glauben dialektisch zusammenhalten wollten, wird nun im Geist zuversichtlicher Verneinung dividiert. Aber auch diese Gegenrechnung kann nicht halten, was sie verspricht. Die Favorisierung des Erhabenen bedient sich einer geschichtsphilosophischen Figur, die sie schlechterdings nicht bemühen darf. Die Ablösung des Schönen durch das Erhabene soll sich noch einmal linear, als Ablösung vollziehen. Lyotard bemüht die von ihm selbst verworfene geschichtsphilosophische Konstruktion, um den linearen Fortschrittsglauben zu dementieren, für den der ästhetische Leitwert des Schönen unter anderem steht. In diese unhaltbare Lage gerät Lyotard, weil er seinen ästhetischen

42 J.-F. Lyotard, Das Erhabene und die Avantgarde, in: Merkur 38/1984, 151-164; ders., Beantwortung der Frage: Was ist postmodern?, in: Tumult 4/1983, 131-142. Zu Lyotard vgl. A. Wellmer, Zur Dialektik von Moderne und Postmoderne. Vernunftkritik nach Adorno, Frankfurt/M. 1985, 48-114.

Avantgardismus, der nicht auf die formende Bestimmung der Welt, sondern auf die ekstatische Erfahrung ihrer Unbestimmtheit zielt, kurzerhand in Begriffen des 18. Jahrhunderts formuliert. Die Option für das aber, was ehemals das Erhabene hieß, wird blind, wenn sie vor seiner unauflöslichen Koexistenz mit dem, was ehemals das Schöne hieß, die Augen verschließt. Schon bei Kant lässt sich verfolgen, wie die gesicherte Opposition des Erhabenen zum Schönen ins Wanken gerät. Ist doch die Erfahrung *beider* Erscheinungen in der *Kritik der Urteilskraft* mit der Affirmation eines begrifflich, d. h. außerhalb dieser Erfahrung nicht Fassbaren verbunden. Beide Male wird der Gegenstand der ästhetischen Erfahrung als Darbietung oder Index eines »Nicht-Darstellbaren« erfahren, wie es Lyotard voreilig einzig für das Objekt des Erhabenen reklamiert.[43] Erst auf der Basis dieser Grundbestimmung setzt Kant die Unterscheidung der ästhetischen Modi an, hebt er die positive Sinnerfahrung des Schönen von der negativen im erhabenen Zustand ab. Als das Besondere des Schönen kennzeichnet Kant die Gegebenheit eines anschaulich-überschaubaren Ganzen, an dem die Wahrnehmenden weltbildende Sinnhorizonte ihres innerweltlichen Daseins erkennen. Die Besonderheit des Erhabenen sieht Kant in der wahrnehmenden Konfrontation mit Gegebenheiten und Ereignissen, die in ihrer überwältigenden Totalität nicht wie ein sinnhaftes Ganzes angeschaut werden können. Erhaben ist die lustvolle Erfahrung einer Totalität, die sich *zu* keinem Ganzen fügt, weil sie sich *in* kein Ganzes fügt. Am Schönen, sagt Kant, erfährt der Mensch die Welt, als ob sie für ihn bereitet wäre. Am Erhabenen, sagt Kant, erfährt der Mensch die Welt, als ob sie vakant, als ob sie von ihm erst zu entwerfen wäre. Die ästhetische Wahrnehmung und insbesondere die Wahrnehmung der Kunst, so muss man von Kant her sagen, bleibt unverstanden, wenn einer der beiden Pole unterschlagen bleibt, zwischen denen die ästhetische Erfahrung oszilliert.

43 J.-F. Lyotard, Beantwortung der Frage: Was ist postmodern?, a. a. O., 138 f., u. ders., Das Erhabene und die Avantgarde, a. a. O., 153 f.

Der innerästhetischen Dynamik freilich, die sich hier abzeichnet, hat Kant durch die Moralisierung der Erfahrung sowohl des Erhabenen als auch des Schönen noch einmal Einhalt geboten. Der Sinn, der im schönen Spiel ist bzw. erhaben auf dem Spiel steht, soll stets positiv oder negativ auf die moralische Bestimmungsfähigkeit der Menschen verweisen. Sobald diese Rückführung fallen gelassen, sobald der Glaube an den Vorrang des Moralischen vor dem Ästhetischen aufgegeben ist, ist auch die vorgegebene Einheit der sittlichen Ordnung dahin, auf die die ästhetische Erfahrung sei es im Schein ihrer Realisierung, sei es im Schein ihrer Desavouierung zuverlässig verweisen könnte. Mit der Auflösung einer der ästhetischen Wahrnehmung traditional oder regulativ vorgeschriebenen Seinsordnung verliert auch der Dualismus ihrer Anschauungsweisen an Geltung. Das Kantische Erhabene (und damit das Kantische Schöne in seiner zunächst klaren Geschiedenheit vom Erhabenen) bleibt hinter dieser Entwicklung zurück. Mit dem Einbruch des Erhabenen in fast alle Bereiche der ehemals weitgehend als schön verstandenen Kunst – man denke an die humoristische Epik oder an Beethovens Musik, an die romantische Malerei oder an Baudelaires Lyrik – ist die Zeit eines modernen Verhältnisses zum Ästhetischen gekommen. Gekommen ist diese Zeit mit der auch von Lyotard betonten einschneidenden *Verzeitlichung* der ästhetischen Erfahrung. In einem normativen Sinn ästhetisch relevant erscheint in der Moderne nur, was die bisherige Auffassung vom ästhetisch Relevanten und somit meist zugleich außerästhetische Sichtweisen revidiert.[44] Die Dynamik des Erhabenen geht in die Fremderfahrung des Ästhetischen ein.[45]

44 J.-F. Lyotard, Das Erhabene und die Avantgarde, a. a. O., 164. Zum Verhältnis von alter und neuer Kunst im Zeitalter der ästhetischen »Autonomie« vgl. M. Seel, A Defense of Aesthetic Progress, in: Praxis International 6/1987, 416 ff.; zur Karriere des Erhabenen seit Kant vgl. Th. W. Adorno, Ästhetische Theorie, a. a. O., 293 ff.

45 Auch wenn die Kategorien des Schönen und des Erhabenen ihren *globalen* Diskriminationswert eingebüßt haben (wenn sie ihn denn außerhalb der

Vergeblich ist seitdem jeder Versuch, den alten Gegensatz für eine normative Theorie des Ästhetischen nochmals zu aktualisieren. Die von Lyotard empfohlene Wahl zwischen der kontemplativen Versenkung in das immer schon Sinnhafte und der konvulsivischen Unterwerfung unter den Schrecken des immer gleich Unbekannten gibt dafür nichts her. Als wäre die Anbetung des Numinosen besser – befreiender – als die Einhausung im harmonischen Schein! Liegt doch die produktive Irritation der modernen ästhetischen Erfahrung eben darin, weder beim Ausstieg aus dem innerweltlichen Sinn noch bei seiner anschauenden Bemächtigung Einhalt zu finden. Die Anerkennung dieser Spannung setzt die Dialektik des Erhabenen erst richtig in Gang.

Dialektik des Erhabenen

Das ist das *erste* Stadium der Dialektik des Erhabenen: Mit der verschärften Temporalisierung der ästhetischen Erfahrung löst sich die globale Opposition des Schönen zum Erhabenen zugunsten des unstillbaren Kontrasts der ausdrucksästhetischen Gegenstände auf. In der Bejahung dieses Kontrasts verlieren die ästhetischen Gegenstände die Funktion, als Repräsentanten eines in Erinnerung gerufenen oder entworfenen Sinnganzen zu dienen. Der ästhetische Verzicht aufs übergeordnete Ganze aber ist kein Verzicht auf ästhetischen Sinn. Wie eh und je lebt das Kunstwerk vom Anspruch sinnhafter Totalität, und es tut dies um so mehr, je radikaler die begriffliche Unfassbarkeit des jeweiligen ästhetischen Sinngefüges zu Bewusstsein kommt.[46]

Theorie je hatten), behalten sie einen *lokal* erhellenden Unterscheidungswert durchaus.

46 Diese gut Kantische Unfassbarkeit hat freilich nichts mit einer prinzipiellen Uninterpretierbarkeit zu tun. Die Nichtunterscheidung zwischen Fassbarkeit (oder Übersetzbarkeit) und Interpretierbarkeit ist der Grundmangel aller entschieden anti-hermeneutischen Kunsttheorien (wie derjenigen

Zum Zeitpunkt seines modernen Wahrgenommenwerdens jedoch artikuliert auch das bedeutendste Kunstwerk nur mehr einen durchaus *partialen* Erfahrungszusammenhang, der die Koordinaten ästhetischer und nichtästhetischer Erfahrungsweisen *partial* revidiert. In diesem Sinn kommt, um noch einmal die traditionelle Redeweise zu bemühen, das Erfordernis der »erhabenen« Suspension mit dem der stimmigen – der »schönen« – Konstruktion in der modernen Kunst zur Deckung. Wie destruktiv die moderne ästhetische Konstruktion auch verfahren mag, sie muss die Spannung, den Witz, die Explosivität ihrer Verweigerung intern aufbieten und damit eine alternative Stimmigkeit erfinden. Gegen die drohende Form der Welt setzt die im Kontrast ihrer Werke ernst genommene Kunst das Kalkül ihrer ausdruckhaften Formen.

Der kritische Bezug auf die Norm des Erhabenen ist damit nicht erledigt. Das *zweite* Stadium seiner Dialektik setzt das Kriterium des Erhabenen wieder ins Recht. Nicht länger betrifft dies einen streng alternativen Modus der Erfahrung an den künstlerischen und außerkünstlerischen Ausdrucksmedien, es betrifft das Verhalten zu *allen* Modi des Ästhetischen. Zum Signum des Erhabenen wird das Bewusstsein der irreduziblen Koexistenz und oft Konkurrenz der ästhetischen Funktionen. Dieses Bewusstsein schließt die Erfahrung ein, dass die beste Erfüllung jeder dieser Funktionen selbst dort, wo sie – wie häufig – in einer ästhetischen Umgangsweise glücklich koexistieren, von ihrem möglichen oder tatsächlichen Widerspiel zehrt. Als erhaben, d. h. ästhetisch richtig, erscheint nun diejenige Wahrnehmung der ästhetischen Wahrnehmungsmöglichkeiten, die sich weder dem schöngeistigen noch dem massenkulturellen »Diktat des Konfliktlosen« beugt.[47] *Das Er-*

Lyotards), die in der Folge dieses Versäumnisses nicht zufällig meist bei der ebenso paradoxen wie diffusen Ontologisierung *des* Unfassbaren landen, das sich ästhetisch aber doch irgendwie fassen oder demonstrieren lassen bzw. sich »ereignen« soll.

47 Th. W. Adorno, Das Schema der Massenkultur, in: ders., GS, Bd. 3, 299 ff., 309.

habene wird zur Norm der ästhetischen Praxis im weitesten Sinn dieser Praxis. Für die kognitive und die kulinarische, die kontemplative und die animative, für die kommunikative und die dekorative Funktion des Ästhetischen gilt dann wie für die erotische und vielleicht weitere mehr, dass die Lust ihrer Erfüllung stets die Lust an ihrer Differenz enthält. Keine Lust will hier die eigene öde Ewigkeit. Die Praxis des Erhabenen lässt sich auf die zerklüftete Landschaft des Ästhetischen ein.

Diese Praxis des Erhabenen macht sich jenen »Gestus des Heraustretens« zu eigen, den Adorno an Kants Sätzen über das Erhabene abgelesen und sich für seine Theorie der Kunst angeeignet hat.[48] Sie wendet diesen Gestus auch noch gegen die geschichtsphilosophische Instrumentalisierung und Privilegierung der Kunst. Die Praxis des Erhabenen übt das von Bourdieu und Benjamin befürwortete »positive Barbarentum« aus, das sich erst in der transzendentalen Obdachlosigkeit richtig heimisch fühlt.[49] Zugleich bekämpft die Praxis des Erhabenen die von Horkheimer und Adorno gebrandmarkte negative »Barbarei«, die den Kitsch einer ästhetischen Funktionsangleichung betreibt. Die der Praxis des Erhabenen folgen, und so wenige sind das gar nicht, setzen die Vertilgung des köstlich-schwammigen Cheeseburgers der betrachtenden Verschlingung des scheußlich-komischen Oldenburgers, sie setzen die Begegnung mit Memphis Slim der Begegnung mit Mahler entgegen, ohne an der Kasse nach einem Gutschein für die Aufhebung der schönsten aller Gegensätze zu verlangen.

Erst jetzt aber tritt die Dialektik des Erhabenen in ihr *drittes*, ihr entscheidendes Stadium. *Die reformulierte Norm des Erhabenen erweist sich als Bestandteil einer Ethik der antiunitarischen Moderne.* Das besagt nicht, es müsse das Erhabene als Norm der ästhetischen Praxis irgendwo außerhalb der ästheti-

48 Th. W. Adorno, Ästhetische Theorie, a. a. O., 100 f.

49 Vgl. W. Benjamin, Erfahrung und Armut, in: ders., Gesammelte Schriften, hg. v. R. Tiedemann und H. Schweppenhäuser, Frankfurt/M. 1972 ff., Bd. 2.1, 213-219.

schen Praxis, außerhalb der Bewertung und Deutung ästhetischer Phänomene (und außerhalb der philosophischen Besinnung auf den Status dieser Reaktionen) begründet werden. Es besagt nicht, die Apologie des Erhabenen müsse noch einmal ganz anders verfahren, als meine fragmentarischen Kommentare zu Fragmenten es hier versuchen. Es besagt nur, dass die ästhetische Landschaft, die sich dem Bewusstsein des Erhabenen auftut, eine Landschaft *inmitten* der alltagsweltlichen Szene mitsamt ihren moralischen und politischen Formationen und ihren theoretischen Arenen und Enklaven ist.[50] Die Funktionen des Ästhetischen in ihrer erhabenen Irreduzibilität haben als konstitutiven Widerpart die Funktionen des Sozialen und Kognitiven in deren erhabener Interaktion auch mit denen des Ästhetischen. Hier wie dort gilt die Option fürs Erhabene einer Kultur des Konflikts, die es aus der Erfahrung der bestehenden oder drohenden Kultur der Integration zu entfalten und freizuhalten gilt. Diese Kultur des Konflikts ist wiederum ebenso sehr eine politische wie eine ästhetische, ebenso sehr eine moralische wie eine der vormoralischen lebenspraktischen Wertungen, und eine der Theorie ohnehin. Die Ethik der Moderne kann sich nicht auf eine dieser Autoritäten verlassen. Sie geht auf die vielfältige Kreuzung der genannten Orientierungen und ihrer Institutionen zurück. An diesen Kreuzungen findet sie das Gemeinsame und gemeinsam zu entfachende Potential des den Zeitgenossen geschichtlich möglichen besseren Lebens auf. So kann auch die philosophi-

50 Die (gewiss begrenzte) Landschaftsmetaphorik bricht an dieser Stelle nur zusammen, wenn die Erscheinung von Landschaften voreilig mit der Qualität ihrer Überschaubarkeit gleichgesetzt wird. Jedoch ist die ästhetische Wahrnehmung von Landschaften nicht notwendigerweise an die Illusion eines umgebenden oder überwölbenden Ganzen gebunden. Sie kann sich ebenso gut – angesichts der Vielgestaltigkeit und Ausdehnung der dem Blickpunkt stets auch entzogenen Umgebung – in der Unabsehbarkeit eines Ganzen erfüllen. Moderne Landschaftserfahrung wäre demnach die Erfahrung gerade der *entzogenen* Totalität. Die erhabene Landschaftsmetaphorik setzt diesen Aspekt ins Bild.

sche Ethik letztlich nichts anderes tun, als auf den Tummelplatz solcher Begegnungen zu führen. Vom ästhetischen Schauplatz kommend, lüftet die Dialektik des Erhabenen das profane Geheimnis von der positiven Mission einer negativen Dialektik: es gegen die »Tendenz zur totalen Integration« bei der Interdependenz der innerweltlichen Perspektiven zu belassen.

Die paradigmatischen Analysen ästhetischer Entwicklungen und Phänomene, wie sie Benjamin, Horkheimer und Adorno mit theoretischen Mitteln in praktischer Absicht durchgeführt haben, und auch Bourdieus stärker systematisierte Soziologie des Geschmacksverhaltens beziehen ihre Wucht und ihren Wert aus eben der ausgreifenden Bewegung, mit der sie in den kontrastiven Lebensbedingungen der Gegenwart operieren, einer Bewegung, die das Gehäuse der Moderne in die Unentschiedenheit ihrer Möglichkeiten zurückzustellen sucht. Der Anspruch der *Dialektik der Aufklärung*, den »erbarmungslosen Fortschritt (...) an seinem Ziel umzuwenden«, damit die »Freiheit zu bewahren, sie auszubreiten und zu entfalten« (DA 48 u. X), hat nur greifen können und kann nur da greifen, wo sie in der missratenen Gesellschaft die Erfahrungsbasis ihrer Interventionen normativ zur Geltung bringen und gegen die Verödung von Sprache und Erfahrung wenden konnte und kann. Beim Hören der »apoplektisch japsenden« Burleske aus Mahlers *Neunter* hat Adorno »ein Flattern des richtigen Lebens« vernommen, das »möglich wäre und nicht ist«.[51] Ob es ein Flattern, ein Flüstern oder Fauchen, ein Schwingen oder Schweifen ist – wäre diese Möglichkeit nicht hier und heute im Kontrast nicht allein ästhetischer Sensationen erfahrbar, so wäre das Verheerende alle kritischen Worte nicht wert. Gäbe es kein richtiges Leben im falschen, wäre das falsche nicht falsch.[52]

51 Th. W. Adorno, Mahler, a. a. O., 306.

52 Für Diskussionen und Hinweise danke ich Angela Keppler, Christoph Menke und Thomas Wörtche.

Nachweise

»›Jede wirklich gesättigte Anschauung‹. Das positive Zentrum der negativen Philosophie Adornos« – in gekürzter Form zuerst erschienen in: *NZZ*, 13./14. 9. 2003, S. 69.

»Adornos kontemplative Ethik« – zuerst erschienen in: *Merkur* 56/2002, S. 512-518.

»Anerkennende Erkenntnis. Eine normative Theorie des Gebrauchs von Begriffen« – Originalbeitrag.

»Das Unmögliche möglich machen. Ein avantgardistischer Begriff der Kunst« – mit leichten Veränderungen zuerst in: *Neue Rundschau* 114/2003, S. 161-168.

»Adornos Apologie des Kinos« – eine frühere Fassung ist erschienen in: G. Seubold / P. Baum (Hg.), *Wieviel Spaß verträgt die Kultur?*, Bonn 2004, S. 127-144.

»Zwischen Vereinnahmung und Distanzierung. Vier Fallstudien zur Massenkultur« – zuerst in: *Merkur* 45/1991, S. 877-889.

»Dialektik des Erhabenen. Kommentare zur ›ästhetischen Barbarei heute‹« – zuerst in: G. Schmid Noerr / W. van Reijen (Hg.), *Vierzig Jahre Flaschenpost: ›Dialektik der Aufklärung‹ 1947 bis 1987*, Frankfurt/M. 1987, S. 11-40.

Suhrkamp Verlag GmbH
Torstraße 44, 10119 Berlin
info@suhrkamp.de
www.suhrkamp.de